# 年金だけでも暮らせます

決定版・老後資産の守り方

荻原博子
*Ogiwara Hiroko*

PHP新書

# はじめに
## ――「人生100年時代」も〝やらないこと〟を決めれば年金だけで生きられる

日ごろ、ラジオやインターネットなど視聴者の生の声に触れるメディアに出演すると、よく話題に上るテーマが**「年金」**です。

年金というと、読者の方は先行きへの不安から、ともすれば暗いイメージを抱きがちです。しかし、システムが複雑で法改正によって変更されることがあるものの、ポイントを理解して制度を使いこなせば、私たちの老後の暮らしを支える助けとなります。

**それどころか、「年金」だけで暮らすことも可能なのです。**

「定年時に3000万円の貯蓄が必要」といわれますが、その条件を満たす人はごく一部。生活保護受給者の54・1％（2018年9月）が65歳以上の高齢者で、定年後に破綻する「老後破産」が増えるといわれていますが、老後を年金だけで暮らす「勝ち組」も、実は多く存在します。

この人たちは何も特別なことをしていません。

**・正確な情報を得て、現行の制度を活用すること**
**・出費を最低限に抑えて、現金を減らさない**

この2つを徹底しているだけです。

最近は、「人生100年時代」をテーマにした本が数多く出版されています。

先が読めず、漠然とした不安に襲われ、資産運用が気になる気持ちはわかります。

しかし、こういうときこそ基本に立ち戻ることが大切です。

年金をはじめ、現行の制度を使いこなし、意識や習慣をほんの少し変えて行動するだけで、目の前の不安はなくなるでしょう。

そこで、本書では以下のことについて、わかりやすく解説していきます。

第1章では、年金制度の仕組みについて
第2章では、現行の年金制度のお得な活用方法について
第3章では、生活費や保険料といった出費の切り詰め方について
第4章では、やってはいけない投資について
第5章では、老後の不安要素である介護費や医療費について

定年後に破綻する人の特徴として、「ムダなこと」をやっている（ムダな出費が多い）ことが挙げられます。

大事なのは、やるべきことを決めること。そしてそのためには、**やらないことを明確にすること**が大切です。

本書は、すでに年金生活を送っている方だけでなく、これから定年を迎える50代、60代の方々にも知っておいていただきたい情報を網羅しています。

正しい知識を得て、意識を変えていけば、年金だけでも十分暮らせることを、実感していただけるでしょう。

経済ジャーナリスト　荻原博子

年金だけでも暮らせます　目次



第1章

# 年金制度を理解して「老後不安」とおさらば！
――年金の基礎知識

# 第2章

# 意外と知らない年金超活用術
## ――少しでも多くもらう裏ワザ

## 第3章 生活の「意識改革」で出費を抑えなさい
### ――年金生活の大原則

## 今のリアルな生活を直視・改善する



## 家計最大の出費〝保険〟の正体を知っておこう

# 第4章
# やっぱり投資はしてはいけない
## ――損をしないためのリスクヘッジ

# 第5章 膨らむ介護・医療費のお悩み解決法
## ——転ばぬ先の「貯金」のすすめ

※本書で紹介した年金制度等に関する情報は、2018年12月時点のものであり、変更になる場合があります。

本文図版：桜井勝志（アミークス）

第1章

# 年金制度を理解して「老後不安」とおさらば！

——年金の基礎知識

年金破綻の嘘

# 年金が「破綻」しないほんとうの理由

本書を読み進める上で、まず2つの用語を押さえましょう。

1つは、「**老齢基礎年金**」。老齢基礎年金とは、私たちがよく耳にする「**(国民)年金**」のこと。国民年金保険や厚生年金保険などに加入して保険料を納めた人が受け取れる年金で、加入期間に応じて年金額が計算されます。

もう1つが、「**老齢厚生年金**」。いわゆる「**厚生年金**」です。会社に勤める人や厚生年金保険に加入していた人が受け取れる年金のことで、給与や賞与の額、加入期間に応じて年金額が変動します。

日本の一般的なサラリーマン(会社員)や公務員の場合、公的年金はこの「国民年金」と「厚生年金」の2階建てになっています。

さて、これから年金をもらおうという人、すでに年金をもらっている人が共通して持っている不安は、老後の命綱である「年金」そのものが「破綻」してしまわないか、ということでしょう。

現在、公的年金（年金制度）では、加入者のみなさんに支払いを約束しているお金（年金受給権が発生しているもの）が１０００兆円以上あります。けれど、将来のために積み立ててあるお金はわずか１６０兆円ほど。これから徴収していく保険料は少子化で減っていくし、年金をもらう人は高齢化で増えていく。

こうした状況だけを見ると、年金制度は、計算の上では、完全に破綻状態にあるということになります。

つまり、年金をもらう資格のある人がいっせいに、「今すぐ、**もらえるはずになっている年金を全額欲しい！」と言ったら、到底払えない**ということになるからです。

しかし、「年金」がほんとうに「破綻」するのかというと、結論から言えば、**年金は**

**「破綻」しません。**

年金が破綻しないのは、3つの理由があるからです。

**①年金は、今すぐ全額支払うものではない**
**②破綻しそうになれば、政府が助ける**
**③破綻しないための様々なテクニックがある**

それぞれについて、順番に見ていきましょう。

年金が破綻しない理由①

## 年金は、今すぐ全額支払うものではない

今、私たちが加入している公的年金は、過去の大盤振る舞いや杜撰《ずさん》な管理など様々な

理由で、**超高齢化社会に対応できるだけの十分な積立がない**状況です。

しかも、みなさんご承知のように、その大切な虎の子の積立金も、その多くを株式運用や外貨建て投資信託などのリスクのあるものに投資しているので、経済状況の悪化や為替相場の変動によって、目減りしてしまう可能性があります。

ですから、**「こんな状態ならさっさと年金を解散して、積立金を山分けすればいい。保険料は各自で将来のために積み立てていったほうがいい」と考える人もなかにはいる**ようです。

しかし、**公的年金は、借金が山のようにある家庭のようなもの**。すでに１０００兆円近い積み立て不足があるために、今解散したら積立金をもらえるどころか、**１人１０００万円くらいずつ逆に支払わないと、公的年金は廃止できません**。単純に４人家族なら、約４０００万円支払うということになり、とても現実的とはいえません。

実は、民主党政権時に、今の年金制度を、自分が支払った分だけを将来受け取れるような年金制度に変えようとしたことがあります。ところが、すでにある年金制度が、**あまりに借金だらけだったために制度の変更ができなかった**という経緯があります。

それでも**年金は、どんなに借金だらけであっても、「破綻」しません。なぜなら、その借金を、すぐに全額支払わなくてもいいから**です。

過去に日本は、太平洋戦争という大きな戦争を経験しました。この戦争は、１９４１年12月に、日本がアメリカ、イギリスに宣戦布告し、１９４５年8月まで3年9ヶ月続きました。

実は、当時の逓信省《ていしんしょう》（その一部が、後の郵政省、今の日本郵政）が、この戦争が始まる前の１９４１年10月に、**「定額郵便貯金」**を、そして戦争の最中の１９４２年6月に、今の厚生年金の元と言える**「労働者年金」（今の厚生年金）**をスタートさせています。

日本の命運をかけた戦争の前後に、将来のための貯金や会社員の福利厚生のための年金が誕生しているというのもおかしな話ですが、これは戦費調達の手段だったと言われています。

この戦争で、日本は敗戦。国の財政は破綻状態になりました。そのとき**明暗を分けたのが、「定額郵便貯金」と「労働者年金」**です。国が戦争に負けたことで、みんなが「定額郵便預金」などの引き出しに殺到しました。

けれど、「定額郵便貯金」で集めたお金はすでに戦費に回され、金庫の中は空っぽ。戦争でお金を使い切ってしまっていたために国民に預金を払い戻すことができなくなった政府は、**「預金封鎖」**という手を使い、国民の預金の引き出しに制限をかけました。その間にインフレが進んで新円切り替えも行われ、貨幣価値が目減りします。

貨幣の価値が大幅に低下すれば、お金は紙切れ同然です。国に預けたお金も価値を失います。こうして、**国は、事実上、庶民から預かったお金を「踏み倒し」たのです。**

一方、年金制度はスタートしたばかりで、支給するのはかなり先のこと。ですから、集めたお金が戦費で使われていても、踏み倒しのようなことは起きませんでした。

つまり、**すぐに引き出せる預金とは違い、どんなに大きな借金があっても、年金は65歳以降に支給することになっている**ので、破綻はしにくいということです。

もちろん、それをいいことに、積立金の杜撰な投資を続けていると、負債が雪だるま式に増えていくのは言うまでもありません。

## 年金が破綻しない理由②
## 破綻しそうになれば、政府が助ける

公的年金が「破綻」しない2つ目の理由は、「破綻」しそうになれば、政府があらゆる手を尽くして助けるからです。

仮に公的年金が「破綻」すると、すでに10年以上年金に加入している人には年金をもらう権利（受給権）が発生していますから、いっせいに年金を請求する裁判が起こるでしょう。**裁判を起こされたら、年金の支払いを約束した政府は負けるので、莫大な額の支払いが発生します。**これは、政府自体が「破綻」しかねないリスクなので、国として絶対に避けなくてはなりません。そのため、あらゆる策を講じるのです。

実際、今の日本の年金制度は年金保険料だけではまかなえなくなっていて、国民がもらっている老齢基礎年金のおよそ半額は、国庫から出ています。2018年11月現在、**老齢基礎年金は、40年加入した場合には月に約6万5000円もらえますが、この半分は、国庫から出ている**ということです。

実は、以前はこの国庫負担の割合は3分の1だったのですが、**2004年の法改正で国庫負担分の引き上げが決まり、2009年から2分の1**に増えています。

将来的に年金財政がさらに悪化すれば、国庫負担分が、3分の2、4分の3と引き上げられていく可能性は十分考えられます。つまり、年金が破綻せずに延命する可能性も高まっていくというわけです。

## 年金が破綻しない理由③

## 「破綻」しないための様々なテクニックがある

公的年金は、「破綻」させないために国がいろいろなことができるようになっています。前述の、国庫負担比率を上げるというのもその1つ。ほかにも、年金制度を維持するために次の4つのことが実施されているのです。

それは、

**⑴保険料を上げる**
**⑵給付額を減らす**
**⑶支給開始年齢を引き上げる**
**⑷公的年金の加入者を増やす**

⑴の「**保険料を上げる**」については、厚生年金が2004年10月から2017年まで、保険料率を毎年0・354%ずつ引き上げ、13・934%（本人分6・967%）から18・3%（本人分9・15%）に上がっています。**年収500万円の人なら、この間に年間約12万円の保険料負担増になっている**ということです。

国民年金保険料は、2005年4月から2017年まで毎年280円ずつ（2017

年度は240円）値上げして、月1万3300円の保険料が月1万6900円へと上がり、**年間4万3200円の負担増となりました**（名目賃金の変動に応じて数字は変わり、2018年度の実際の保険料額は1万6340円）。

(2)の「**給付額を減らす**」については、この15年間で、2つのテクニックが導入されました。

1つは「**マクロ経済スライド**」**の導入**。それまでの年金は、物価が上がると、上がった物価にスライドして上がっていったので、インフレにも対応できるようになっていました。けれども、「マクロ経済スライド」という、**物価が上がっても年金がそれほど上がらない仕組み**ができたので、インフレには対応しにくくなりました。

もう1つは、**賃金が下がったら年金も下がるという**、いわゆる、「**年金カット法案**」（年金制度改革関連法案）が成立したことです。これは、年金を賃金変動と物価変動の低い方に合わせるというもの。物価が上がっても、賃金が下がれば、下がった賃金に合わせて年金が支払われるというもので、これによって**国民年金なら年間約4万円、厚生年**

**金なら年間約14万2000円減る**と言われています。

(3)の「**支給開始年齢を引き上げる**」については、1956年以前は、厚生年金の支給開始年齢が男性55歳、女性55歳でした。これが、男性だけ1957年から16年かけて4年に1歳ずつ支給開始年齢が引き上げられ、1973年には60歳となりました。

さらに1985年の改正で、女性も60歳に引き上げられ、1994年の改正では、男性、女性とも65歳になりました。会社員は、老齢基礎年金の上に報酬比例部分という上乗せ（特別支給の老齢厚生年金）がありますが、こちらも**支給開始年齢を徐々に引き上げ、男性は2025年、女性は2030年には、完全に65歳となります**。

そういう意味では、まだ厚生年金の支給開始年齢は引き上げの最中ですが、すでに「70歳支給開始でどうか」という話が出始めています。

これまで、年金が「破綻」しないように、(1)、(2)、(3)のための法改正が繰り返し行われてきましたが、実は、ここにきてもう1つ、新たなテクニックが出てきました。

それが、**(4)の「公的年金の加入者を増やす」**です。働く人みんなから、できるだけ多くの年金保険料を集めようというものです。

今までは、パートなどで働いていても、年収が130万円に満たなければ、夫が会社員や公務員の妻は夫の扶養家族ということで、自分では1円も年金保険料、健康保険料を支払わなくても、国民年金、夫の健康保険に加入していることになっていました。

それが、2016年10月以降は、従業員501人以上の企業に勤めるパートは、**月収が8万8000円を超え、1年以上勤めるなら、会社の厚生年金、健康保険に加入して、保険料を支払わなくてはならなくなりました。**

2018年4月からは、従業員500人以下の企業でも、労使が合意すればこの制度が適用されることになりました。

さらに、この先は、従業員501人以上というハードルが完全になくなり、働く期間に関係なく、労働時間が週20時間以上で月収8万8000円以上などの条件は緩和されていきそうです。そうなると、今まで保険料を支払っていなかった会社員や公務員の妻も、年金の支え手になるというわけです。

以上から、年金が「破綻」するという事態はなかなか起こりにくいことはご理解いただけたかと思います。しかし、**「破綻」はしにくいけれど、今の年金制度を継続するために、国民に多くの負担を強《し》いるようになるのは避けられない**でしょう。

もちろん、すでに年金をもらい始めているという人は、(1)の「保険料を上げる」、(3)の「支給開始年齢を上げる」、(4)の「公的年金の加入者を増やす」というのは関係がなくなっているので、影響はその分少なくなります。

**ポイント**

**将来的に、国民の負担が増えることはあっても、公的年金が破綻する可能性は限りなく低い。不安を煽《あお》るメディアの言説にだまされないこと。**

将来の
年金額

# 将来もらえる年金額を今すぐ把握する

老後を考えるにあたって、みなさんの一番の関心事は、「年金がいくらもらえるのか」ということでしょう。政府が公表している標準的な年金額は、**夫婦で月約22万円**です（２０１８年1月時点）。

公的年金は、５年ごとに財政の見直し（財政検証）があり、その都度公表されています。ここで、直近の２０１４年に見直されたものを見ると、標準的な年金の給付額は、夫が40年会社に勤めて厚生年金に加入してその間の手取り収入が34・８万円、妻が40年専業主婦だったケース（次ページの図表１－01）で見ると、支給額は21万８０００円になっています。

つまり、月額約22万円ということです。

■1-01　最も年金支給額が高い世帯パターン

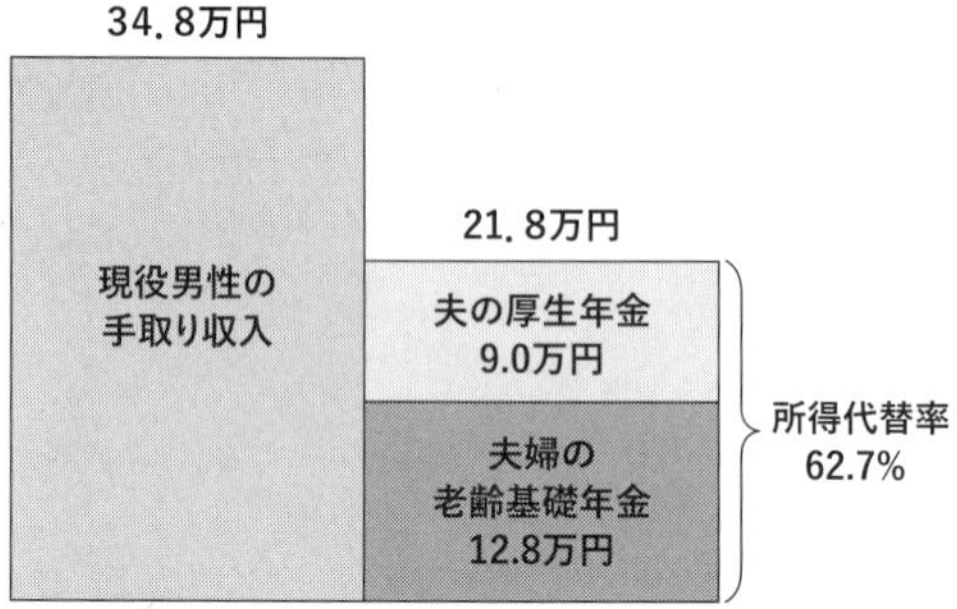


注）現役男性の手取り収入は、ボーナスも含めた年収の 12 分の1。
被用者年金一元化を反映した水準。
厚生労働省「国民年金及び厚生年金に係る財政の現況及び見通し—平成 26 年財政検証結果—」をもとに作成

ただ、今の時代、男性が20歳の時に厚生年金に加入して40年間会社に勤め、女性は20歳の時にご主人と結婚してずっと40年間専業主婦をしているというご家庭は珍しいはずです。厚生労働省がこれをモデルケースとしているのは、**夫が40年間厚生年金に加入し、妻が40年間専業主婦という組み合わせが、もっとも年金支給額が高くなるから**でしょう。

## この3年の受給額は横ばい

では、実際に、国民のみなさんはどれくらい年金を受け取っているのでしょうか。

実際のご家庭で受け取っている年金月額の

**■1-02　年金額はほとんど変わっていない（平均年金月額の推移）**

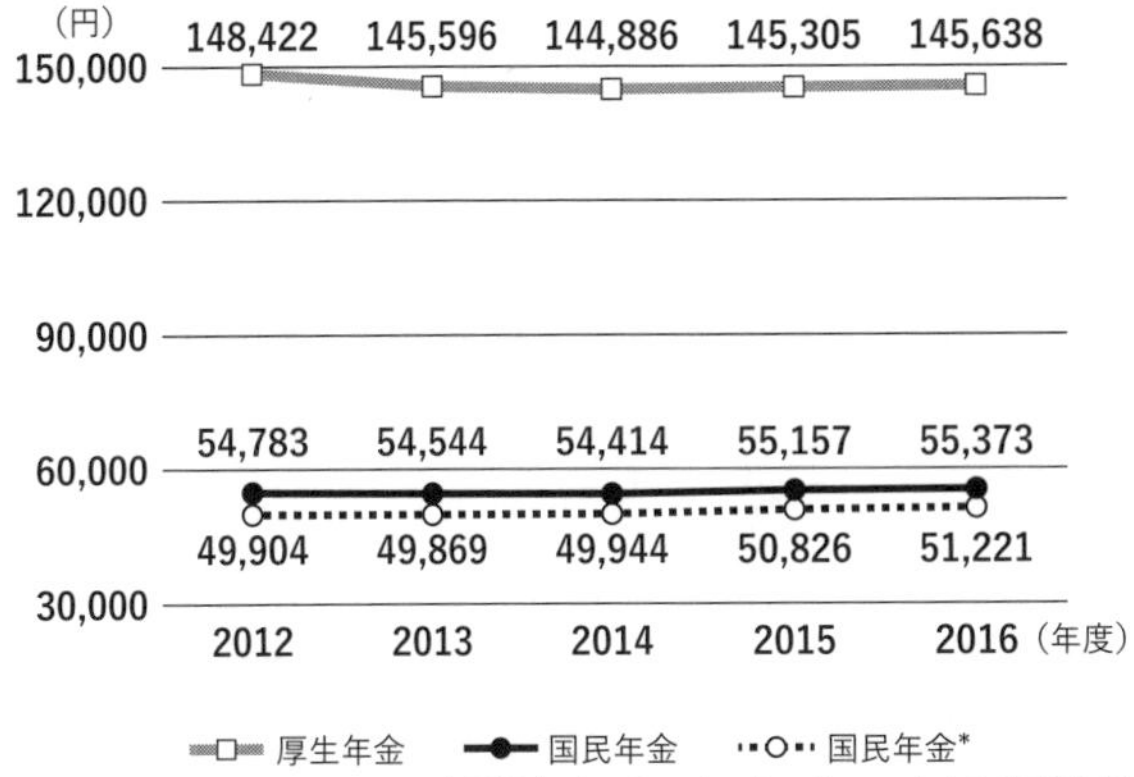


＊厚生年金に入ったことのない、おもに専業主婦

厚生労働省「平成28年度厚生年金保険・国民年金事業の概況」をもとに作成

平均額ですが、会社勤めの夫と、ちょっとOLで働いてその後結婚して専業主婦になったというご夫婦の場合、夫の厚生年金が14万5638円、妻の年金が5万5373円で、合計で20万1011円（2016年度）。

　つまり、**月々の年金額は約20万円というのが平均的なところ**です。

　上のグラフを見ると、2012年から2016年の間、もらえる年金はほとんど増えていないことがわかります。ただし、**これはあくまで平均値**です。老齢基礎年金の支給額は、年金加入年数でその額が変わります。

　また、会社員や公務員の厚生年金は、働いている時の給与の額によっても、将来もらえる年金額は変わってきます。

## 法改正で、新たに約17万人が国民年金の受給対象に

そこで、もう少し具体的に、将来、老齢基礎年金としてもらえる国民年金加入者の年金額を見てみましょう。

自営業者のみなさんは、65歳になると国民年金をもらいます。

国民年金の場合には、6〜7万円をもらっているという人が男女ともに最も多く、3割近くいます。次に多いのが5〜6万円。

50歳を過ぎた方は、日本年金機構から毎年誕生月（1月の人は前年12月）に送られてくる**「ねんきん定期便」**を参考にしてください。**現在加入している公的年金に60歳まで同じ条件で加入したらいくら年金がもらえるのかがシミュレーションされています。**

また、日本年金機構のホームページの「ねんきんネット」の年金シミュレーションな

**■1-03　国民年金の月額は6〜7万円が最も多い**

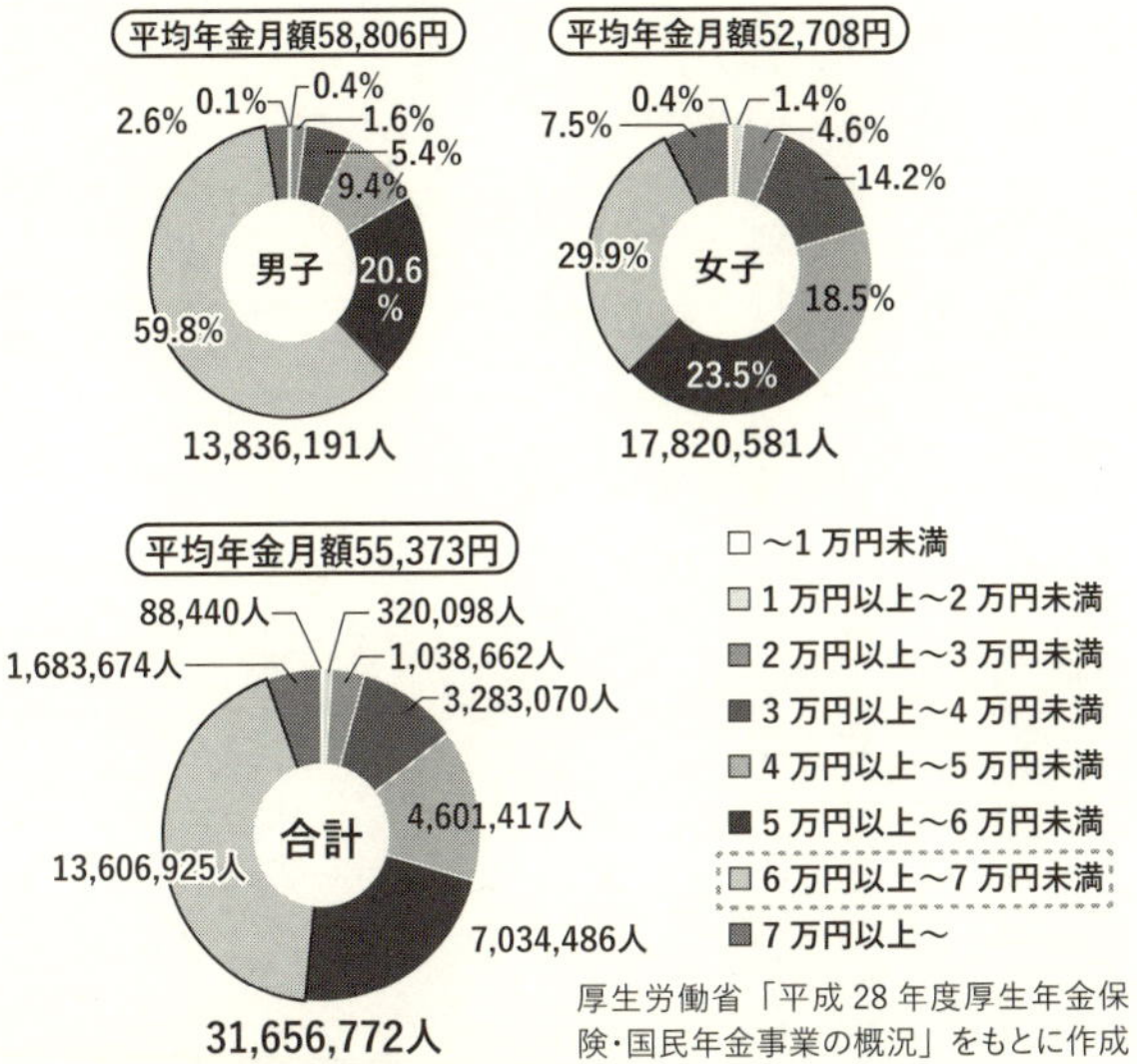

厚生労働省「平成 28 年度厚生年金保険・国民年金事業の概況」をもとに作成

どを使ってもおおよそ見当がつきます。

国民年金に入っていれば、将来、老齢基礎年金が出ます。老齢基礎年金は、加入していた加入月数によってもらえる額が決まります。

２０１７年７月までは、25年間加入していなければ年金がもらえませんでした。ところが、同年８月１日に**改正年金機能強化法が施行され、10年加入していればもらえることになりました。**

これまで、25年に満たずに年金が

もらえなかった65歳以上の無年金者が約42万人いましたが、このうち約17万人が、年金をもらえるようになっています（遺族年金は資格期間25年のまま）。

国民年金に加入している人は、パートやアルバイトで収入が少ない人も多いのですが、支払う保険料の額を増やさずに年金額を増やす方法があります（58ページ参照）。

## 厚生年金を15万円以上受け取る女性は1割弱

会社や官公庁に勤めている人は、自営業者などの国民年金にあたる老齢基礎年金にプラスして、給料に対して支払われる報酬比例年金が上乗せされる厚生年金に加入しているので、将来は、**給料と勤めていた年数に比例する老齢厚生年金が支給されます。**

給料が高く、長く勤めていた人ほど年金が多くもらえるわけです。

男性の場合、**支給額は月15万円から20万円という人が最も多く、次いで10万円から15万円という人が多くなっています。**20万円から25万円という人も2割以上います。

## ■1-04　40％近くの男性が厚生年金を15〜20万円もらう

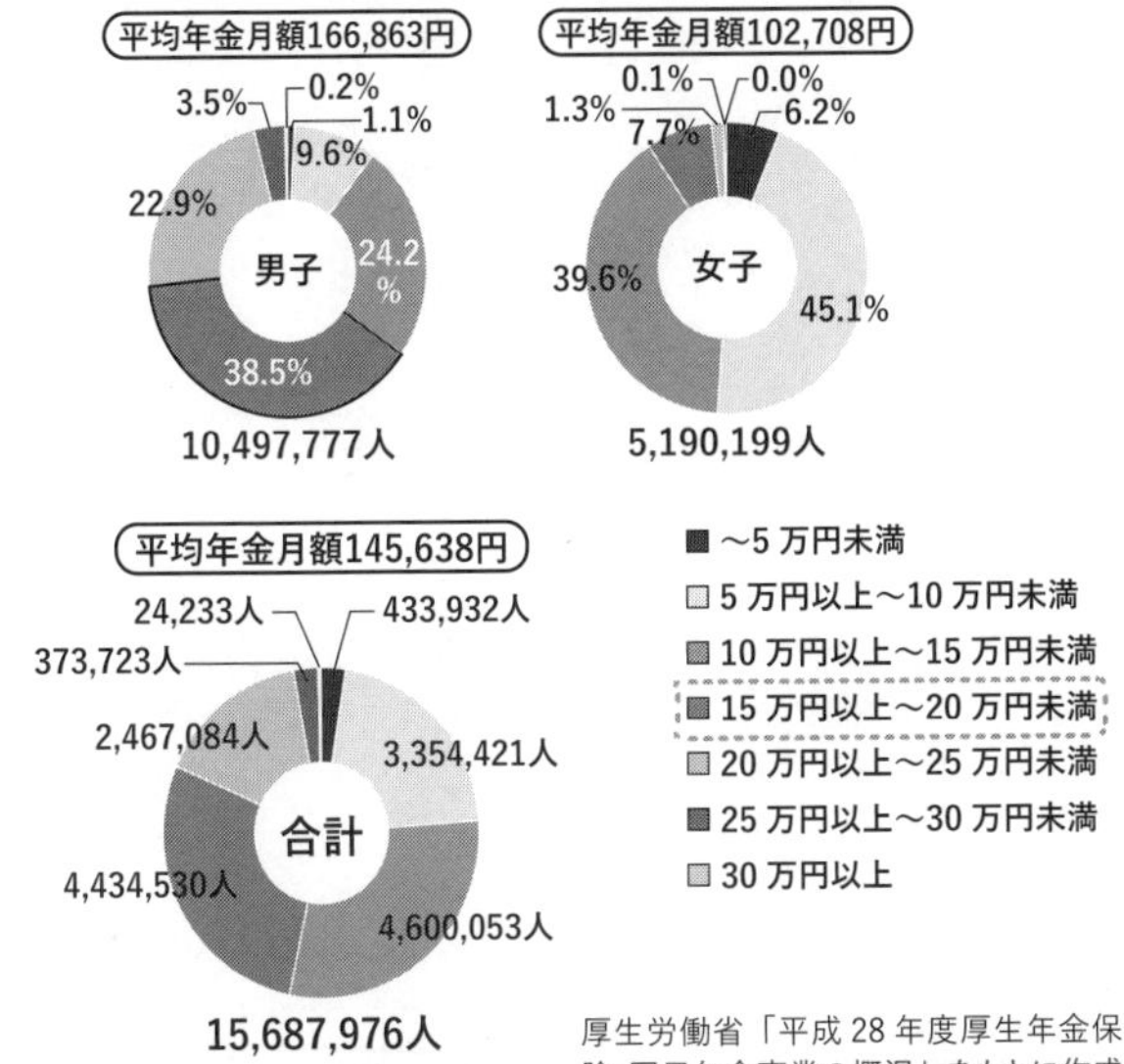


厚生労働省「平成28年度厚生年金保険・国民年金事業の概況」をもとに作成

女性の場合には、5万円から10万円という人がもっとも多く、次いで10万円から15万円。15万円以上もらっているという人は1割弱になります。

**多くの日本企業ではまだ、男性に比べて女性は出世する機会が少なく、高い役職手当をもらっている人が少ないため、収入全般が低い**傾向にあります。

また、子育てや介護なども女性の負担が大きいケースが多いので、フルタイムで働けなかったり、途中で会社を辞めなくてはならない人もいます。その影響で年金も少なめになってしまうのでしょう。

**こうした女性の年金を、少し増やすことができるかもしれない方法は、第2章を参照してください。**

## 今の年金受給者は「目減り」を心配しなくていい

さて、今の時点でどれくらいの年金をもらえるのかはわかりましたが、問題は、将来もらえる年金の額です。

年金は、経済状況が変われば支給額も変わるということで、厚生労働省では8通りの経済前提でそれぞれの年金額を試算しています。そのなかの「**標準的なケース**」を見ると、**今から27年後の年金受取額は、月約24万4000円**となっています。

月24万4000円なら、現在の約22万円よりも増えているのでうれしい気がしますが、この頃には働く世代の給料も1・39倍に増えているという前提なので、**今のお金の**

**価値では、月18万円くらい**ということになります。ですから、**これから約30年の間に、年金の実質的な支給額は2割前後減っているかもしれません**。

また、これはあくまで計算上の数字であって、必ず月24万4000円もらえるのかといえば、そうとは限りません。経済状況が激変している可能性があるからです。

年金支給額は、加入期間や現役時代の給与、家族構成、社会状況などでも変わります。ですから、はっきり言って将来のことはわかりません。

もう1つの試算として、物価が上昇しても、年金額はそれほど上がらないということもできます。

これが、27ページで説明した、社会情勢に合わせて、年金の給付水準を自動的に調整する「マクロ経済スライド」という仕組みです。

**マクロ経済スライドは、現在のところマイナス0・3%の調整率**なのでこれをあてはめてみると、今40歳の方が65歳になって妻と2人で年金をもらうとなると、**現役時代に700万円の年収があるなら月約19万円になります。現役時代の年収が500万円だと、65歳から月約16万円もらえるということになります。**

もちろん、これは1つの試算でしかありません。マクロ経済スライドも、今は0・3%のマイナスですが、景気次第で変わってきますし、年金積立金が2015年度のように大幅に毀損《きそん》するようなことが続くと、**1〜1・2%の実質目減りということもあり得るかもしれません**。

また、今40歳くらいの方だと、さらなる年金改革で支給開始年齢が引き上げられ、**現行の65歳支給開始から67歳、68歳の支給開始になるかもしれません**。70歳支給開始になっているという可能性も否定できません。

**年金受給額の見通しはそれほど明るくない半面、すでに年金をもらい始めている人は、年金の目減りをそれほど心配する必要はないでしょう**。

なぜなら、今、月額22万円もらっている年金が25年後に実質月額が18万円に目減りしたとしても、現在65歳の方なら90歳になっていますから、現在65歳の時のように食べたり飲んだり、洋服を買ってオシャレしたり旅行に出かけたりということは少なくなっている可能性があり、それほど生活費は必要ではないかもしれないからです。

第5章で詳しく解説しますが、医療や介護もそれほど不安に感じなくていいでしょう。

## 今の40代は将来、年金をもらえるのか？

問題なのは、今の40代の方たちがどうなるか。

彼らが年金をもらい始める25年後からは、受給者が最も多い団塊の世代の数が徐々に減ってきます。もちろん、年金を支える若者の数も減っていく可能性があるので、政府にはしっかりと少子化対策をしてもらわなければ困りますが、**団塊の世代が給付対象から外れてくると、年金政策にも少しは改善の余地が見えてくるかもしれません。**

とはいえ、給付額が減るのはほぼ確実なので、その分しっかり貯蓄をしておかなくてはいけません。

すでに、年金の受給開始間近という人は、将来的な目減りはそれほど恐れることはありませんが、年金の受給開始が20年後という今の40代は、月15～18万円くらいで生活する心算《しんさん》でいたほうがいいでしょう。贅沢な暮らしをしている人は、今から節制した生活を心がけておいたほうがいいかもしれません。

ただ、この世代は共働きが多いのが強み。**パートでも、これからは厚生年金に入る人が増えるので、もし2人とも厚生年金なら、2人で20万円以上の年金にはなるでしょう。**

**ポイント**

**現在年金受給中の人に関しては、年金の目減りを心配する必要はない。ただし、今の40代以降は、給付額が減ることはほぼ確実。今から節制と貯金を意識すること。**

年金の種類

# イザという時に役立つ年金の〝隠れ機能〟

年金というと、老後にもらう年金額ばかりが気になりますが、公的年金には、意外に知られていない「機能」が2つあります。

**(1)大黒柱を失った時に支給される「遺族年金」**
**(2)障害を負った時に支給される「障害年金」**

まず、(1)の「遺族年金」からみてみましょう。

## 「遺族年金」があれば、残された家族は食べていける

**「遺族年金」**は、公的年金加入者が、配偶者（加入者によって生計を維持されていた）と**幼い子供を残して他界した場合、子供が18歳になるまで支給されるだけでなく、老後に残された妻の生活保障をするための年金**です。

夫を失うのは辛いものですが、「遺族年金」があれば、残された家族は心強いといえます。

例えば、幼い2人の子供と妻を残して夫が他界したら、子供が18歳になるまでは「遺族年金」で、**自営業者なら月約10万円の遺族基礎年金**が支給されます。

**サラリーマンは、収入や勤めていた年数などによっても違いますが、子供2人のケースだと月15万円前後の遺族基礎年金と遺族厚生年金**が支給されます。支給額は子供の数

によっても違います。

以前は妻が死亡しても「遺族年金」は出ませんでしたが、**２０１４年４月からは、妻が亡くなって子供たち（18歳未満）と夫が残された時にも、「遺族基礎年金」が出るようになりました。**

年金支給要件を満たしていれば、例えば、２歳と３歳の子供を残して妻が他界したら、妻が専業主婦であっても月10万円程度の遺族基礎年金が支給されます。

ですから、そのお金でヘルパーやベビーシッターを雇えば、なんとか会社勤めをしながら、シングルファーザーとして２人の子供を育てていくことは可能でしょう。

ちなみに、大黒柱のご主人が住宅ローンを残して亡くなった場合ですが、銀行のローンは団体信用生命保険に加入しているケースがほとんどなので、**残りの住宅ローンは保険で相殺されて、残債はなくなります。**

住宅ローンがなくなった家に住み、月に15万円前後の遺族年金が支給されるので、妻がちょっとパートに出れば、残された妻子はなんとか食べていくことができるでしょう。

## 子供の教育費分だけ生命保険をかけておけば十分

ただ、子供が成長すると、「遺族年金」だけでは足りなくなる費用があります。

それは、教育費です。

**日本は、先進国の中でも、国が最も子供の教育にお金を出さないことで有名**です。2018年に経済開発協力機構（OECD）が公表した小学校から大学に相当する教育機関に対する公的支出状況（2015年）では、国内総生産（GDP）に占める支出割合は、34ヶ国中最低の2・9%でした（『日本経済新聞』2018年9月12日付）。

こうした状況下、日本では、子供の教育費は各家庭で用意しなければならず、**大学まで行かせるとなると1人1000万円は必要**と言われています。

そのため、**夫の生命保険は、子供が1人なら1000万円、子供が2人なら2000万円の死亡保障を、子供が大学を卒業するまでかけておけばいい**という計算になります。

高額な保険に加入している人は、保険を見直して貯金にまわしましょう。そして、子供が社会人になったら、死亡保障も必要がなくなります。

ちなみに、子供がいない場合には「遺族基礎年金」は出ませんが、**自営業の夫が亡くなった妻には、寡婦《かふ》年金（60〜65歳まで支給。繰り上げ支給の老齢基礎年金を受けている場合を除く）または死亡一時金が出ます。サラリーマンの妻で子供のいない40歳未満の人には遺族厚生年金が、40歳から65歳までは遺族厚生年金、中高齢の加算額が合わせて出ます。**

また、サラリーマンの妻で65歳以上の人は、死亡した夫の老齢厚生年金の４分の３を遺族年金として受給することができます。

## 医療保険加入の前に、「障害年金」の申請を

障害を負ったり病気になって、日常生活や仕事に支障がある時に支給されるのが(2)の

**「障害年金」**です。

「障害年金」では、目が見えない、耳が聞こえない、手足などに障害を負ったというような外部障害だけでなく、**呼吸器疾患、心疾患、肝疾患、免疫疾患などの内部障害、統合失調症、うつ病、認知障害、てんかん、知的障害、発達障害など精神障害なども障害の対象**となっています。

「障害年金」の対象となる障害には、1級と2級があります。

1級は身の回りのことはかろうじてできますが、日常生活で他人の介助が必要な状況にある人。2級は自宅での簡単な作業ができて必ずしも他人の介助は必要ではないけれど、働くのは困難な状況にある人。さらに、厚生年金に加入しているサラリーマンなどには、働けないことはないけれど著しい制約を受ける3級があります。

もらえる障害基礎年金（基礎年金）の額は、子供がいない場合、1級が年額97万4125円、2級が年額77万9300円。子供がいれば、その分が加算されます。サラリーマンの場合には、子供の加算だけでなく配偶者の加算もあり、さらに報酬比例部分の年金額で計算されるので、**給料が高い人ほどもらえる年金が多くなります。**サラリーマンのみがもらえる3級については、最低保障額が年間58万４５００円となっています。

民間の医療保険も、病気や怪我で入院すると「手術費用○○円、入院１日○○円」というかたちでお金が支給されますが、60日とか１２０日というように一定期間だけ。**精神的な病気のように長期の入院を必要とするものは、民間の医療保険では補いきれないかもしれません。**けれど「障害年金」の場合には、障害があると認定されている限りはずっともらい続けることができます。

また、民間の医療保険のように、入院（一部通院も）しないと出ないというのではなく、うつ病で出歩けなくなって家で治療するといったケースでも、障害と認定されれば年金が出ますから、イザという時の生活の支えになります。

**ポイント**

**公的年金には、「老齢年金」のほかに、「遺族年金」や「障害年金」がある。もしもの時は、生活の支えになるので、日本年金機構のホームページで確認し、申請手続きをしよう。**

年金
保険料
免除

# 保険料を支払わずに、「老齢年金」「遺族年金」「障害年金」をゲットする方法

日本の公的年金は、国民全員が加入しなくてはならない制度です。前述したように、国民年金に加入していないと、将来的に「老齢年金」がもらえなくなるだけでなく、家族を遺して死亡したり、障害を負った時に、「遺族年金」や「障害年金」がもらえなくなります。

誰もが入っておくべき公的年金ですが、何らかの事情で年金保険料を支払えない人もいます。そういう人のために、とっておきの秘策をご紹介しましょう。

## 保険料が支払えないなら、「保険料免除制度」を利用する

公的年金をもらおうと思ったら、最低でも10年間の国民年金保険への加入が必要です。その点、**サラリーマンや公務員は、保険料を給料から天引きされるので、入らないというわけにはいきません。**

けれど、**自営業者の場合には、自分でお金を納めなくてはならない**ので、ついうっかりして保険料を支払い忘れ、督促状《とくそく》が来たという人も少なくありません。それだけ、加入もれも多く発生しています。

国民年金の保険料の納付率は、２０１７年度で66・３％。年代別に見ると、40歳以上は平均を上回る納付率ですが、20歳から24歳が62・４％、25歳から29歳が54・87％、30歳から34歳が59・01％と、**20代から30代にかけての納付率が下がる**ようです。

フリーで収入が少なくて、国民年金の保険料が支払えないという人もいることでしょう。国民年金の保険料は、月１万６３４０円（２０１８年度）。バイトで月10万円前後しか稼げない人に１万６３４０円の保険料を支払えというのは酷な話で、それではとても食べていけません。

もし、収入が少なくて保険料が支払えないなら、**「保険料免除制度」を使えないか市役所や町村役場の国民年金窓口に聞いてみましょう。**保険料免除の申請さえしていれば、**自分では保険料を1円も支払わなくても、将来、年金がもらえる**のです。

## 月収が10万円に満たない独身者は、全額納付免除

国民年金の納付が免除されると、保険料を支払わなくても年金に加入しているという扱いになり、**免除された期間の分の年金額は保険料を収めた時の半分の額**となります。

なぜ全額納付した場合の年金額の半分かというと、前述したように、**年金で支給される額の半分は国庫が負担している**からです。この国庫負担分は、誰でももらえるということです。

さらに、**免除の手続きをしていれば、遺族年金、障害年金の対象にもなる**ので、残された家族の生活費や、自分が病気やケガで働けなくなった時などに年金が受け取れま

す。特に、うつ病のように治療に長期間かかる精神的な病気の場合には、障害年金がもらえると助かります。

**免除には４段階**あって、独身者なら**全額免除は年収１２２万円以下**、つまり、月収が10万円くらいの人だと、全額免除の対象になります。２０１８年度で見ると、国民年金を40年間支払った人の年金は年額77万９３００円ですが、**40年間全額免除で１円も保険料を支払っていない人でも年額38万９６５０円もらえます。**

また、障害者になった場合には、１級で年97万４１２５円、２級で年77万９３００円と、年金をきちんと支払っている人と同じ金額が支給されます。

より現実的な例を挙げれば、独身で月収が18万円くらいの人なら、**半額免除**になります。半額免除というのは、収めるべき国民年金保険料１万６３４０円の半額にあたる月８１７０円を支払えば、年金に加入し続けられるということ。**将来もらえる年金額は、通常支払われる年金の４分の３**になり、40年間保険料を支払ってきた人が77万９３００円もらえるのに対し、半額免除の人は年58万４４７５円もらえます。

さらに免除には、全額免除と半額免除だけでなく、4分の3免除、4分の1免除があり、独身世帯だけでなく、2人世帯、4人世帯など、家族構成によって対象となる収入は変わってきます。収入が低いので該当するのではないかと思う人は、年金ダイヤル（0570－05－1165または03－6700－1165）で尋ねてみましょう。

## 国民年金には、「免除」だけでなく、「猶予」の制度もある

国民年金には、「今は支払えないけれど、お金ができたら支払う」という人のために、「猶予」という制度もあります。この猶予には、2種類あります。

**(1)学生対象の「学生納付特例制度」**
**(2)20歳から50歳未満の「保険料納付猶予制度」**

猶予というのは、いずれ支払うということで保険料の支払いを待ってくれるもの。保険料を滞納し、それが長く続けば、10年以上という保険の受給資格期間を満たせません。しかし、保険料を後納すれば、猶予期間中は、**将来的に年金をもらうのに必要な受給資格期間に換算**されます。

また、猶予の期間中は、「遺族年金」「障害年金」などももらえます。

特に、**⑴学生対象の「学生納付特例制度」**については、大学生のお子さんを持つ方は覚えておいたほうがいいでしょう。

大学などに通う子供の学費を捻出するだけでも大変なのに、20歳を過ぎて支払わなくてはならない年間約20万円の国民年金保険料を子供に代わって支払ってあげるのは大きな負担になります。ですから、とりあえず**猶予の届け出をしておいて、大学を卒業してから本人に支払わせるようにする**といいでしょう。

また、20歳から50歳の間には、**リストラ、失業など思わぬ出来事に遭遇するかもしれ**

**ませんから、こうした時も、支払えなかったら猶予してもらうことができます。**それが

**(2)「保険料納付猶予制度」**です。

ただし猶予は免除ではなく、あくまで支払えるようになるまで待ってくれるということ。支払える余裕ができたときに、過去分をさかのぼって納めてください。

支払いが大変になっている人は、年金事務所などで相談してください。

**ポイント**

**年金は必ず支払わなくてはならないが、条件を満たせば、免除、猶予の制度がある。自分が適用されるかどうか気になる人は、一度、確認してみること。**

第2章

# 意外と知らない年金超活用術

――少しでも多くもらう裏ワザ

もらえる年金を増やす

# ちょい出費で、もらえる年金をグンと増やす

年金の制度を理解し、自分がもらえる年金の見通しが立ったところで、次は、少しでも多く年金をもらうためのコツをご紹介しましょう。

不思議なことにテレビ等では、ほとんど扱われない内容なので、あまり知られていません。なかには一部の人しか利用できないものもありますが、年金事務所に申請すればほとんどの方の年金がオトクになります。ぜひ、検討してみてください。

## 「まとめ払い」で、国民年金は安くなる

自営業者など国民年金に加入している方は、どうせ保険料を支払わなくてはならない

なら、**毎月支払うより、口座振替でまとめて支払ったほうがおトク**です。

次ページの図表２－01は、２０１８年度の口座振替の場合のまとめ払いの割引額ですが、１年分の保険料をまとめて支払うと、４１１０円安くなります。

さらに、２年分をまとめて支払うと、１万５６５０円安くなります。**１年ごとに支払うより、７４３０円も安くなります。**１年分、２年分のまとまったお金がないという人は、**６ヶ月分をまとめて支払っただけでも、１１１０円おトク**になります。

また、**早割（当月末振込）という本来の保険料よりも１ヶ月早く支払うパターンにすれば50円割引**になります。１回早く支払っただけで、同じように月払いしても50円ずつ安くなるのです。

## 「付加年金」は、２年で元がとれて、あとは一生ラクできる

国民年金は、満額支給されても77万９３００円（２０１８年度）。月約６万５０００円

■2-01　保険料を事前にまとめ払いすればおトクに（2018年度、口座振替の場合）

| 振替方法 | 1回あたりの納付額 | 1回あたりの割引額 | 2年分に換算した割引額 | 振替日 |
|---|---|---|---|---|
| 2年前納 | 377,350円 | 15,650円 | 15,650円 | 5月1日 |
| 1年前納 | 191,970円 | 4,110円 | 8,220円 | 5月1日 |
| 6ヶ月前納 | 96,930円 | 1,110円 | 4,440円 | 5月1日<br>10月31日 |
| 当月末振替（早割） | 16,290円 | 50円 | 1,200円 | 当月末 |
| 翌月末振替（割引はありません） | 16,340円 | なし | なし | 翌月末 |

日本年金機構のHPをもとに作成

と、老後資金としてはかなり心細い。この年**金支給額を少しでも増やしたいなら、付加保険料をプラスする**といいでしょう。

付加年金とは、**国民年金の保険料に月額400円を上乗せして支払う年金**のこと。

国民年金基金に加入している方は納めることができませんが、付加年金を払っておくと、**将来もらう「老齢基礎年金」に200円×付加保険料納付月数の付加年金額がプラスされます。**

例えば、10年間、月400円の付加保険料を支払ったとします。すると400円×12ヶ月×10年で、累計で4万8000円を支払う

■2-02　やらないとソンする付加年金の仕組み

付加保険料月額
400円
→
老齢基礎年金に加算される付加年金額
200円×納付した月数

■1年間納付した場合

| | |
|---|---|
| 付加保険料(納付額の合計) | 400円×12ヶ月＝4,800円 |
| 付加年金(1年間の支給額) | 200円×12ヶ月＝2,400円 |

3年目からは
プラスに！

■10年間納付した場合

| | |
|---|---|
| 付加保険料(納付額の合計) | 400円×12ヶ月×10年＝48,000円 |
| 付加年金(1年間の支給額) | 200円×12ヶ月×10年＝24,000円 |

納付した分、受給額もアップする有利な年金です。
しかも、2年間受給すれば納付した額になり、その後はプラスとなります。
ウェブサイト「よくわかる国民年金」をもとに作成

のですが、そうすると、老後にもらう年金額が２００円×12ヶ月×10年で、年額２万４０００円増えます。

これだけだと、４万８０００円を支払って２万４０００円だけかと思うかもしれませんが、**年金は死ぬまで毎年もらえます。**

つまり、２年経つとあわせて４万８０００円もらえることになるので支払った保険料が回収され、10年経つと、24万円ですから19万２０００円おトクになり、20年経つと43万２０００円、30年経てば67万２０００円おトクということになります。

**この付加年金をよりおトクにするのが、**

■2-03　付加年金もまとめ払いするとおトクに

| 納付方法 | 1ヶ月分 | 6ヶ月分 | 1年分 |
| --- | --- | --- | --- |
| 月々支払 | 400円 | 2400円 | 4800円 |
| 現金・クレジットカード（割引額） | — | 2380円（-20円） | 4710円（-90円） |
| 口座振替（割引額） | | 2370円（-30円） | 4700円（-100円） |

日本年金機構のHPをもとに作成

**付加年金のまとめ払い。**

図表2－03のように、口座振替で1年払いにすると、100円引きになります。

**付加年金のデメリット**は、物価上昇に弱いこと。

通常の公的年金は、物価が上がればそれに応じて支給額も上がりますが、付加年金の場合は、10年後も20年後も支給額は変わりません。

極端な話、20年後ラーメンが1杯1万円になっていたら、年2万4000円もらっても、ラーメン2杯半分にしかならないということ。

ただ、将来はどうなっているのか誰にも予想ができないので、月４００円くらいなら、支払っておいてもいいかもしれません。

## 「繰り上げ受給」と「繰り下げ受給」、おトクなのはどっち？

年金は、基本的には65歳から支給されますが、**希望すれば、60歳から70歳のあいだなら、好きなタイミングでもらい始めることができます。**

65歳より早くもらい始めることを「繰り上げ受給」といい、65歳より後にもらい始めることを「繰り下げ受給」といいます。

65歳よりも早くもらい始める**「繰り上げ受給」では、1ヶ月早まるごとに年金額が0・5％減額**されます。

例えば60歳からもらい始めると、0・5％×12ヶ月×5年で65歳からもらい始めるよ

**■2-04　年金の繰り上げ・繰り下げの損益分岐点（2018年）**

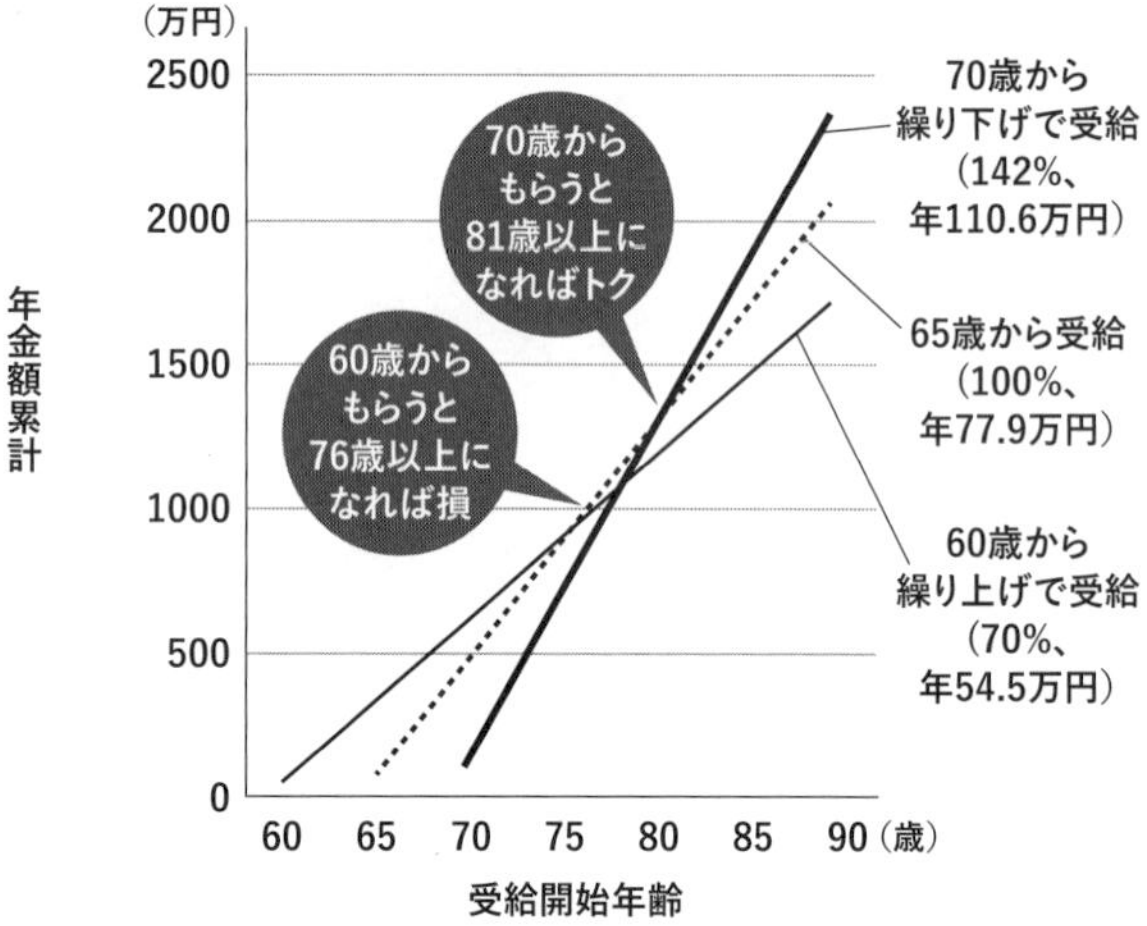


PRESIDENT Online「65歳以降に年金を増やす方法は?」（社会保険労務士山本礼子氏）をもとに作成

りも30％支給額が減ります。**65歳で10万円の年金をもらえる人だとすれば、60歳でもらい始めると月7万円に支給額が減る**ということです。

**この場合の損益分岐点は、76歳。**

30％の減額は一生続くので、75歳までに死ぬと、60歳からもらい始めたほうがよかったことになり、76歳より長く生きれば、65歳からもらったほうがよかったということになります。

65歳より後にもらい始める**「繰り下げ受給」では、1ヶ月遅くなるごとに年金額が0・7％ずつ加算**されます。

例えば、**70歳からもらい始めると、0・7％×12ヶ月×5年で42％支給額が増えます。**65歳で月10万円もらう人なら、**70歳まで支給を遅らせると、70歳から月14万200 0円の年金をもらえます。**

**この場合の損益分岐点は、81歳。**

80歳までに死ぬと、65歳からもらい始めたほうがよかったことになり、81歳以上生きれば、70歳からもらったほうがよかったことになります。

## 働けるだけ働いてから年金をもらえば、長い老後も安心

もちろん、人の寿命は誰にもわかりません。

また、「**平均寿命**」だけでなく、「**健康寿命**」も考慮したほうがいいでしょう。「健康寿命」は、身体に支障がなく、健康に動ける平均的な年齢で、**男性72・14歳、女性74・79歳**（**厚生労働省・平成28年**）。ですから、額は少なくても遊べるうちに年金が欲しいと

いう人は、支給開始年齢を早めるという選択も考えられます。

けれども、これからは「人生100年時代」。あまり早くからもらってしまうと、少額しかもらえないので長生きしたらお金が足りなくなってしまうかもしれません。

それが心配なら、働き続けられるうちは働いて、年金はそれ以降にもらうという選択もいいでしょう。

## 「老齢厚生年金」だけ繰り下げることもできる

自営業者の年金は、「老齢基礎年金」だけですが、サラリーマンや公務員の年金は「老齢基礎年金」と「老齢厚生年金」の2階建てになっています。

この老齢基礎年金と老齢厚生年金は、**それぞれ別々に「繰り下げ受給」ができます。**

老齢厚生年金は65歳からもらい始めるけれど、老齢基礎年金は70歳からもらい始めるということができるのです。

例えば、老齢基礎年金部分が月５万円、老齢厚生年金部分が10万円だったとすると、**65歳からは老齢基礎年金の５万円をもらい始め、老齢厚生年金は70歳からもらう**というチョイスができるということです。

この場合、65歳時点で10万円だった老齢厚生年金は、70歳まで受給開始を延ばしたことで14万２０００円もらえるようになっています。つまり、65歳から70歳までの年金は月５万円ですが、70歳以降は19万２０００円の年金がもらえるということです。

逆に、**65歳から10万円の老齢厚生年金をもらい始め、５万円の老齢基礎年金は70歳まで受給を延ばして７万１０００円もらう**ということもできます。

この場合、65歳から70歳までは年金10万円、70歳以降は年金が17万１０００円という受け取り方もできるということです。

一律に65歳からもらうのではなく、ライフスタイルに合わせて、どのタイミングでもらい始めるか決めるといいでしょう。

## 年下の妻がいるなら、22万円の「加給年金」の支給も！

最近では、熟年結婚も増え、なかには若い女性と結婚して、子供を授かる高齢者もいます。そういった方も、年金でおトクになることがあります。

20年以上、厚生年金に加入して保険料を支払い続けている夫が、65歳になって年金をもらい始めた時に、**夫よりも年下で扶養されている妻がいたら、夫の年金に「加給年金」が支給されます。**

また、妻だけでなく18歳未満の子供がいた場合や20歳未満で1級または2級の障害を持った子供がいる場合も、それぞれの年収が８５０万円未満なら加給年金が支給されます。ただし、妻が20年以上、厚生年金に加入していると、加給年金は出ません。

加給年金というのは、**夫が年金生活に入った時に支給される「家族手当」**のようなも

## ■2-05　加給年金額の目安

| 対象者 | 加給年金額 | 年齢制限 |
|---|---|---|
| 配偶者 | 224,300円※ | 65歳未満であること<br>（大正15年4月1日以前に生まれた配偶者には年齢制限はありません） |
| 1人目・2人目の子 | 各224,300円 | 18歳到達年度の末日までの間の子<br>または1級・2級の障害の<br>状態にある20歳未満の子 |
| 3人目以降の子 | 各 74,800円 | 18歳到達年度の末日までの間の子<br>または1級・2級の障害の<br>状態にある20歳未満の子 |

※老齢厚生年金を受けている方の生年月日に応じて、配偶者の加給年金額に33,100円～165,500円が特別加算されます（下記の表参照）。

**配偶者加給年金額の特別加算額**

| 受給権者の生年月日 | 特別加算額 | 加給年金額の合計額 |
|---|---|---|
| 昭和9年4月2日～昭和15年4月1日 | 33,100円 | 257,400円 |
| 昭和15年4月2日～昭和16年4月1日 | 66,200円 | 290,500円 |
| 昭和16年4月2日～昭和17年4月1日 | 99,300円 | 323,600円 |
| 昭和17年4月2日～昭和18年4月1日 | 132,300円 | 356,600円 |
| 昭和18年4月2日以後 | 165,500円 | 389,800円 |

日本年金機構のHPをもとに作成

のだと思えばいいでしょう。

では、加給年金は実際にどれだけもらえるのでしょうか。

金額は、妻だけの場合年22万4300円（2018年度、上図参照）。さらに、**妻が生まれた年によって、特別加算がつきます**。

特別加算額は上図のようになりますが、昭和18年4月2日以降生まれなら、16万5500円になるので、例えば、

■2-07　加給年金と振替加算のイメージ

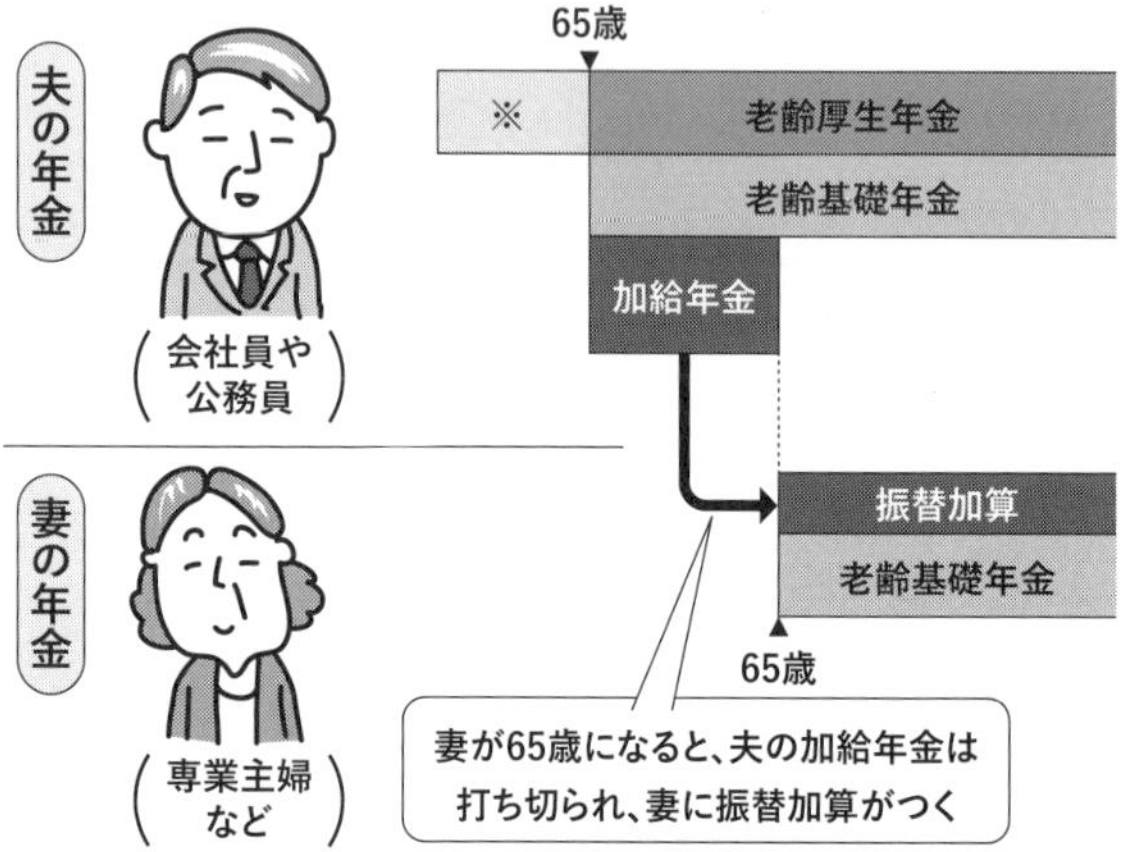


※報酬比例部分
日本年金機構のHPをもとに作成

60歳（昭和33年5月生まれ）になる妻がいたら、加給年金額＋特別加算で38万9800円になります。

ぜひ、お近くの年金事務所に届出てください。

## 妻が年金をもらい始めたら、「振替加算」の届出を

「加給年金」は、妻が65歳になって年金をもらい始めると、もらえなくなります。
その代わり、**妻は65歳から「振替加算」をもらえる可能性があります。**
対象者は、大正15年4月2日から昭和

## ■2-06　配偶者の振替加算の額

| 配偶者の生年月日 | 政令で定める率 | 年額(円) | 月額(円) |
|---|---|---|---|
| 大正15年4月2日～昭和2年4月1日 | 1.000 | 224,300 | 18,691 |
| 昭和2年4月2日～昭和3年4月1日 | 0.973 | 218,244 | 18,187 |
| 昭和3年4月2日～昭和4年4月1日 | 0.947 | 212,412 | 17,701 |
| 昭和4年4月2日～昭和5年4月1日 | 0.920 | 206,356 | 17,196 |
| 昭和5年4月2日～昭和6年4月1日 | 0.893 | 200,300 | 16,691 |
| 昭和6年4月2日～昭和7年4月1日 | 0.867 | 194,468 | 16,205 |
| 昭和7年4月2日～昭和8年4月1日 | 0.840 | 188,412 | 15,701 |
| 昭和8年4月2日～昭和9年4月1日 | 0.813 | 182,356 | 15,196 |
| 昭和9年4月2日～昭和10年4月1日 | 0.787 | 176,524 | 14,710 |
| 昭和10年4月2日～昭和11年4月1日 | 0.760 | 170,468 | 14,205 |
| 昭和11年4月2日～昭和12年4月1日 | 0.733 | 164,412 | 13,701 |
| 昭和12年4月2日～昭和13年4月1日 | 0.707 | 158,580 | 13,215 |
| 昭和13年4月2日～昭和14年4月1日 | 0.680 | 152,524 | 12,710 |
| 昭和14年4月2日～昭和15年4月1日 | 0.653 | 146,468 | 12,205 |
| 昭和15年4月2日～昭和16年4月1日 | 0.627 | 140,636 | 11,719 |
| 昭和16年4月2日～昭和17年4月1日 | 0.600 | 134,580 | 11,215 |
| 昭和17年4月2日～昭和18年4月1日 | 0.573 | 128,524 | 10,710 |
| 昭和18年4月2日～昭和19年4月1日 | 0.547 | 122,692 | 10,224 |
| 昭和19年4月2日～昭和20年4月1日 | 0.520 | 116,636 | 9,719 |
| 昭和20年4月2日～昭和21年4月1日 | 0.493 | 110,580 | 9,215 |
| 昭和21年4月2日～昭和22年4月1日 | 0.467 | 104,748 | 8,729 |
| 昭和22年4月2日～昭和23年4月1日 | 0.440 | 98,692 | 8,224 |
| 昭和23年4月2日～昭和24年4月1日 | 0.413 | 92,636 | 7,719 |
| 昭和24年4月2日～昭和25年4月1日 | 0.387 | 86,804 | 7,233 |
| 昭和25年4月2日～昭和26年4月1日 | 0.360 | 80,748 | 6,729 |
| 昭和26年4月2日～昭和27年4月1日 | 0.333 | 74,692 | 6,224 |
| 昭和27年4月2日～昭和28年4月1日 | 0.307 | 68,860 | 5,738 |
| 昭和28年4月2日～昭和29年4月1日 | 0.280 | 62,804 | 5,233 |
| 昭和29年4月2日～昭和30年4月1日 | 0.253 | 56,748 | 4,729 |
| 昭和30年4月2日～昭和31年4月1日 | 0.227 | 50,916 | 4,243 |
| 昭和31年4月2日～昭和32年4月1日 | 0.200 | 44,860 | 3,738 |
| 昭和32年4月2日～昭和33年4月1日 | 0.173 | 38,804 | 3,233 |
| 昭和33年4月2日～昭和34年4月1日 | 0.147 | 32,972 | 2,747 |
| 昭和34年4月2日～昭和35年4月1日 | 0.120 | 26,916 | 2,243 |
| 昭和35年4月2日～昭和36年4月1日 | 0.093 | 20,860 | 1,738 |
| 昭和36年4月2日～昭和37年4月1日 | 0.067 | 15,028 | 1,252 |
| 昭和37年4月2日～昭和38年4月1日 | 0.067 | 15,028 | 1,252 |
| 昭和38年4月2日～昭和39年4月1日 | 0.067 | 15,028 | 1,252 |
| 昭和39年4月2日～昭和40年4月1日 | 0.067 | 15,028 | 1,252 |
| 昭和40年4月2日～昭和41年4月1日 | 0.067 | 15,028 | 1,252 |
| 昭和41年4月2日以後 | — | — | — |

月額は１円未満が切り捨てられます。　　日本年金機構の HP をもとに作成

41年4月1日までに生まれた人であるか、また年収が850万円以下など、いくつかの条件があります。

加算額は前ページの図表2－06をご覧ください。振替加算額がそれほど多くないケースもありますが、もらえるものはもらったほうがいいでしょう。

ただし、加給年金をもらう時に、老齢厚生年金を「繰り下げ受給」すると、もらえる額が減ってしまいます。「繰り下げ受給」をするなら、老齢基礎年金だけにしましょう。

**ポイント**

**国民年金は、保険料をまとめて支払うと安くなる。また、お金に余裕のある人は、65歳より後に年金をもらい始める「繰り下げ受給」にすれば、年金額が上がりおトクになることも。**

年金受給減を防ぐ

# 定年後の働き方次第で、もらえる年金はこんなに変わる！

## 60歳から64歳
## ――老齢厚生年金額が高い人は年金カットも

60歳以降も働くという意欲的な人は、多いと思います。
ただし、注意も必要です。60歳以降も働く場合、**収入によっては年金がカットされます**。カットされないためには、年金と合計額を考えながら働くといいでしょう。

まず、**年金と給料（総報酬月額相当額＝月給＋ボーナスの合計額の12分の１）の合計が28万円を超えると、年金は一部カットされます**。

次ページの図表2－08でもわかるように、厚生年金の支給開始年齢は、65歳に引き上げられている途中です。

男性の場合、昭和36（1961）年4月1日生まれまでは、**65歳以前でも、報酬比例部分と言われる特別支給の「老齢厚生年金」がもらえます。**ところが、年金と給料の合計額が28万円を超えると、この部分の年金の一部がカットされます。

老齢厚生年金をカットされない裏ワザは、**働く時間を正社員の4分の3未満にしてもらい、正社員から外れる**ことです。

正社員から外れて社会保険に加入しなければ、給料と年金の合計が28万円を超えても年金はカットされません。

例えば、正社員の時の給料が30万円だったら、仕事時間を4分の3未満にしてもらい、給料も4分の3未満の22万円に下げてもらう。そうすれば、特別支給の老齢厚生年金が65歳まで月10万円あっても、給料22万円＋年金10万円で月32万円がもらえます。

さらに、この場合、60歳時点の給料30万円が22万円に下がっているので、**「高齢者雇**

## ■2-08　特別支給の老齢厚生年金の支給開始年齢

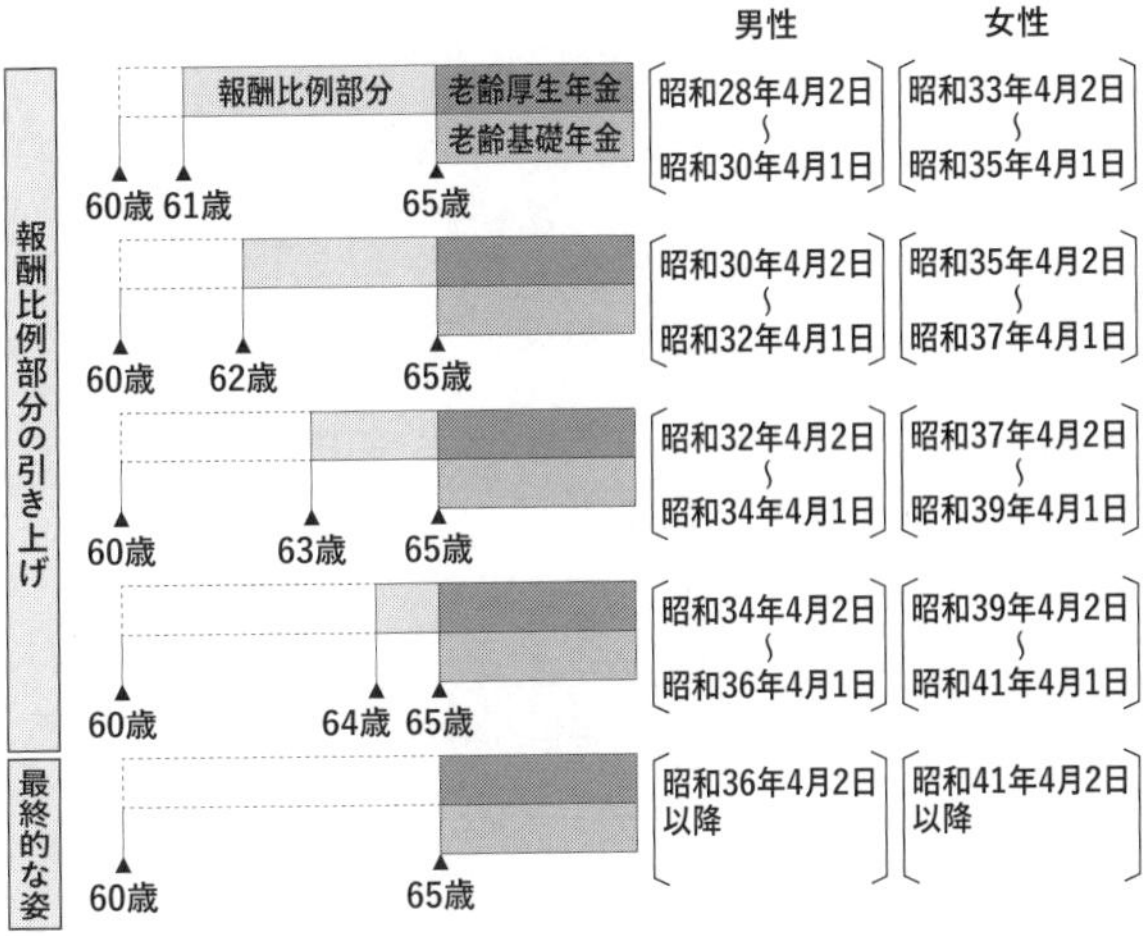


公益財団法人生命保険文化センター HP をもとに作成

**用継続給付」が出ます。**「高齢者雇用継続給付」は、賃金が60歳時点の75％未満になったら出る給付金で、給料の低下率によって支給率が変わります。

このケースでは、**３２７８円が給付されます。**これをプラスすると32万３２７８円になります。

ただし、２０１６年10月１日からは、**従業員５０１人以上の企業に勤務する方で、週の所定労働時間が20時間以上で一定の要件を満たしている方は、社会保険が適用される**ので、年金がカットされることもあります。

金額的には、それほど大きなプラス

にはならないかもしれませんが、**働く時間が4分の3になっているので、その分、ムリなくゆっくりと働ける**ということ。雇う側にとっても、社会保険料を半額負担しなくてもいいのですから、悪い話ではないでしょう。

ただし、**厚生年金ではなくなると、会社の健康保険も、国民健康保険に変わります。**在職中は保険料の半分を会社が負担してくれましたが、国民健康保険は全額自己負担になります。さらに、会社によっては退職の手続きを取ると、その時点で退職金を受け取らねばならず、「雇用延長」で働く場合は、予定より退職金が減額されるというケースもあるので、自分の会社はどうか、事前にしっかりチェックしておくことが大切です。

ちなみに、公務員が定年退職後に働いた場合も、会社員と同様に、給料が一定額を超えると年金がカットされます。

## 65歳から69歳
### ――ほとんどの人が年金を全額受け取れる

## ■2-09　厚生年金の在職支給停止

**※60~64歳で特別支給の老齢厚生年金をもらっている人**

<table>
<tr><th colspan="2">条件</th><th>年金の支給停止額の計算式（月額）</th></tr>
<tr><td colspan="2">基本月額＋総報酬月額相当額が28万円以下</td><td>全額支給<br>（支給停止額＝0円）</td></tr>
<tr><td rowspan="4">基本月額＋総報酬月額相当額が28万円超</td><td>基本月額が28万円以下で総報酬月額相当額が46万円以下</td><td>（総報酬月額相当額＋年金月額−28万円）×1/2</td></tr>
<tr><td>基本月額が28万円以下で総報酬月額相当額が46万円超</td><td>（46万円＋年金月額−28万円）×1/2＋（総報酬月額相当額−46万円）</td></tr>
<tr><td>基本月額が28万円超で総報酬月額相当額が46万円以下</td><td>総報酬月額相当額×1/2</td></tr>
<tr><td>基本月額が28万円超で総報酬月額相当額が46万円超</td><td>（46万円×1/2）＋（総報酬月額相当額−46万円）</td></tr>
</table>

平成29年度・平成30年度、日本年金機構HPをもとに作成

「70歳になるまでは働くぞ！」という方には、老齢厚生年金の部分は、**それほど働き方を気にする必要がない**でしょう。

なぜなら、**年金と給料（総報酬月額相当額＝月給＋ボーナスの合計額の12分の1）が46万円以下なら、年金はカットされない**からです。また、**老齢基礎年金は全額支給**されます。

65歳以降も働くという方でこれまで加給年金を加算されていた場合は、妻が65歳になると加

給年金はなくなりますが、そのかわり妻の年金に「振替加算」がつくので、給料に加え、それぞれが年金をフルにもらって、振替加算ももらい、かなり収入が多くなります（70ページ図表2－07）。

また、70歳以降の年金を多くしたいなら、**老齢基礎年金だけを70歳から支給してもらう**方法もあります。

**老齢厚生年金と加給年金はセット**なので、老齢厚生年金を70歳からの支給にすると加給年金はなくなってしまいます。しかし、老齢基礎年金は切り離して70歳からもらうことができ、そうすれば年金額も増えるので、70歳以降の収入ダウンは小さくなります。

## 定年後も「雇用延長」で働くなら、退職は65歳の1ヶ月前に

「雇用延長」で働くという方の多くは、65歳まで働いて退職し、その後に年金をもらって年金生活に突入するというパターンが多いのではないでしょうか。

その場合、退職するなら65歳ではなく、その１ヶ月前に辞めたほうがおトクです。なぜなら、**65歳になる1ヶ月前に辞めると、「雇用保険」と「老後の年金」の両方を手にすることができる**からです。

**失業給付**は、65歳までに会社を辞めた場合に、次の仕事につくまで90日から１２０日分一定額をもらえますが、**65歳を過ぎると「高年齢求職者給付金」という名前になって一時金で30日もしくは50日分の手当をもらいます（失業認定は1回限り）**。両者を比べると、65歳の誕生日を迎える前に失業給付としてもらったほうが、有利になるのです。

だからといって、63歳くらいに辞めてハローワークで求職の申し込みをすると、一定期間は、**60歳から65歳までの間にもらえる特別支給（報酬比例部分）の「老齢厚生年金」がもらえなくなります。**失業給付と65歳までにもらえる特別支給の老齢厚生年金は、同時にもらうことができないようになっているからです。

特別支給の老齢厚生年金は、男性なら昭和36年４月１日以前、女性なら昭和41年４月

1日以前に生まれている人の場合は、年齢によって期間が異なりますが受け取ることができます。

65歳前に退職する場合は、失業給付か年金かを選択しなくてはなりません。

65歳で辞めると失業給付がもらえませんから、**64歳と11ヶ月まで働いて特別支給の老齢厚生年金をもらい、65歳になる月になったらハローワークに行って失業給付申請の手続きをしましょう。**

65歳の2日前までは64歳ということで、失業給付はしっかりもらえます。

## 企業年金をもらい忘れている人が2割も！

みなさんが、もらい忘れてそのままになっている年金が、たくさんあります。

以前、杜撰な管理で大きな話題となった「消えた年金（宙に浮いた年金）」も、まだ2

000万件ほど持ち主がわからないまま残っていますが、公的年金ではなく「企業年金」でも、もらい忘れの年金がたくさんあるのです。

企業年金というのは、企業が独自に公的年金に上乗せしている年金で、**10年間支払わなければもらえない公的年金とは異なり、働いている会社に企業年金があれば、たとえ1ヶ月だけの加入でも、一生涯もらえる年金です。**

ところが、加入していたことを忘れていて、企業年金をもらっていない人が、なんと現在、130万人以上もいるというのですから驚きです。

なぜ、こんなことが起きているのかといえば様々なケースが考えられますが、中でも多いと思われるのが、**結婚して企業を退社してしまったケース。**

企業年金のなかで大きな割合を占める厚生年金基金は、60歳になってはじめて支給されます。

ですから、かつて自分が勤めている会社に厚生年金基金があって、自分もそこで働いて加入していたことを覚えていれば請求できますが、忘れていたら請求されず、「もらい忘れの年金」となってしまいます。

厚生年金基金でも、持ち主がわからなくなっている企業年金について、なんとか持ち主を探そうとしていますが、結婚して住所も名字も変わってしまうと、本人の特定が難しくなり、**本人が申し出ない限り年金の支給ができない**ようです。

また、**10年未満など短期の加入者や、10年以上加入していたという人でも厚生年金基金自体が解散している場合には、積み立てた企業年金は企業年金連合会に移管されている**ので、それを知らないまま請求もされず、放置されっぱなしのケースも多いようです。

さらに、退職時に企業年金である厚生年金基金の「加算年金」を一時金で受け取っているので、それで終わりと思っている人もいるようです。けれど、厚生年金基金では、厚生年金の一部を国に代わって運用（代行）しているケースが多く、ここから支給される年金があることを知らないというケースもあるようです。

## ■2-10　厚生年金・企業年金の未請求者数

### ■厚生年金基金

| | 2010年度末 | 2011年度末 | 2012年度末 |
|---|---|---|---|
| **未請求数** | **13.6万人** | **13.6万人** | **13.7万人** |
| 受給者数 | 288.9万人 | 298.7万人 | 304.3万人 |
| 受給権者数に対する割合* | 4.5% | 4.4% | 4.3% |

### ■企業年金連合会

| | 2010年度末 | 2011年度末 | 2012年度末 |
|---|---|---|---|
| **未請求数** | **142万人** | **137万人** | **133万人** |
| 受給権者数 | 690万人 | 759万人 | 826万人 |
| 受給権者数に対する割合* | 20.6% | 18.1% | 16.1% |

*「受給権者数に対する割合」は、「未請求数」÷「未請求数+受給者数」としている。

厚生労働省「厚生年金者等の未請求者の状況について」をもとに作成

なかには、年金をもらう前に亡くなってしまっていることも。

その結果、図表２－10でもわかるように、厚生年金と企業年金をあわせるとなんと**約２割の人がもらえるはずの年金をもらいそこねているのです**。

「若い頃、ＯＬで大きな会社に勤めていた」という人は、85ページの、企業年金連合会が作成した**フローチャートを辿ってみてください**。このフローチャートがすべて「はい」となれば、あなたはもらえるはずの企業年金をもらっていない可能性があります。

それがわかったら、もらう手続きをするための方法は３つあります。

**(1)電話で、企業年金コールセンターに問い合わせてみる**

企業年金コールセンターの電話番号は、0570-02-2666。受付は平日午前9時から午後5時。土・日・祝祭日・年末年始は受けつけていません。

**(2)インターネットで、記録を確認する**

企業年金連合会のホームページにアクセスすれば、記録を確認することができます。利用時間は午前6時から午後10時。アドレスは、左記になります。

https://www.pfa.or.jp/otoiawase/service/index.html

**(3)文書で問い合わせをする**

文書で問い合わせる場合には、

〒105-8799　東京都港区西新橋3-22-5

## ■2-11　企業年金の記録確認の方法

**■厚生年金基金のある企業に勤めて、短期で退職された方。**
**原則として、60歳から企業年金連合会の年金が受け取れます。**

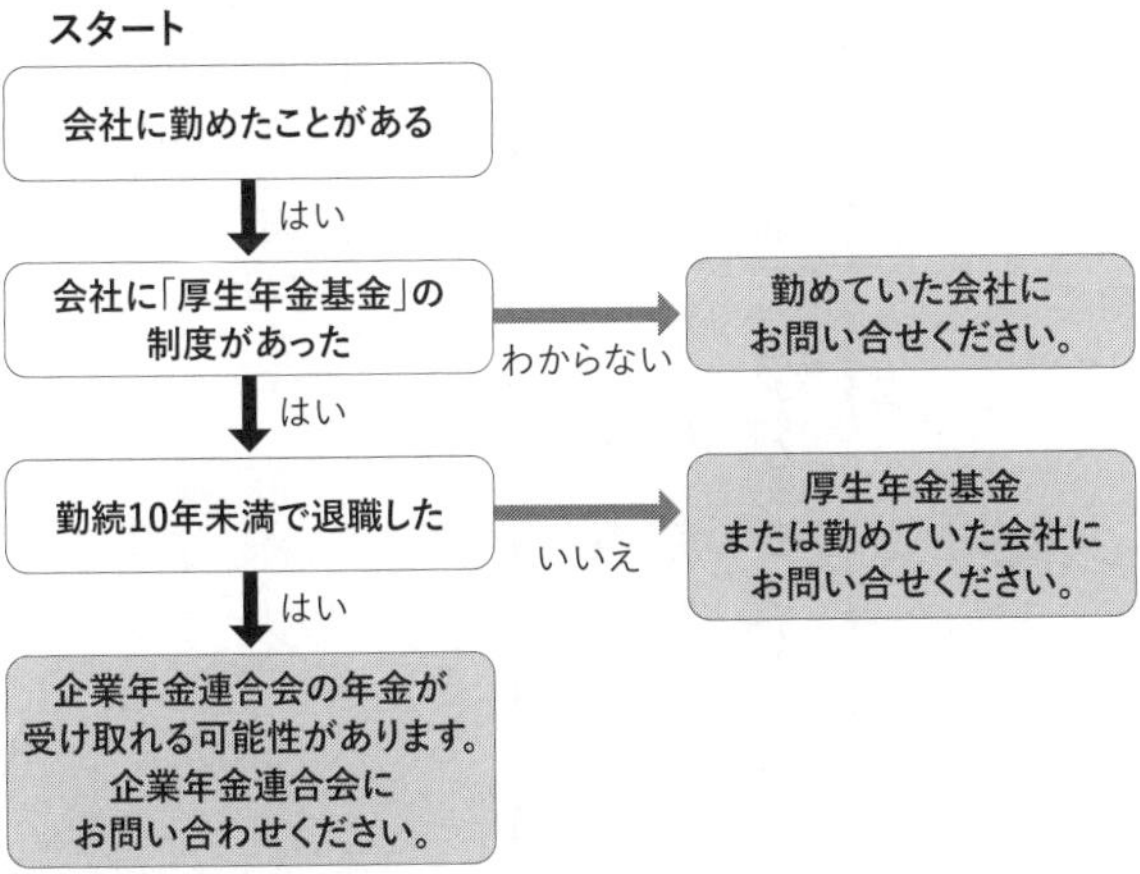


※厚生年金基金とは?

「厚生年金基金」とは、企業によって実施される年金制度の1つです。「厚生年金基金」は国の厚生年金の一部を国に代わって給付し、さらに独自の上乗せ給付を行っています。

加入期間が概ね10年未満の場合は連合会から、10年以上の場合は、加入していた厚生年金基金から支給されます。

企業年金連合会HPをもとに作成

芝郵便局留　企業年金連合会　行

問い合わせの際には、氏名（結婚などで氏名が変わった場合は旧姓も）、生年月日、住所、年金手帳の基礎年金番号、厚生年金基金の名称及び加入員番号などが必要ですが、詳しくは企業年金コールセンターで聞いてみてください。

**ポイント**

**65歳を迎える少し前に退職すれば、65歳で退職するよりも長い期間失業給与をもらえる。ただし、定年前に退職すると退職金が減額されることがあるので、会社の就業規則を確認しておく。**

# 第3章

# 生活の「意識改革」で出費を抑えなさい

――年金生活の大原則

老後破産の嘘

# 銀行が煽《あお》る「老後不安」の正体

「人生100年時代」と言われています。そろそろ、定年後の生活を考えなくてはいけないというときに、みなさんが一番心配するのは、2人あるいは単身で長い老後を暮らすのに、これまで貯めたお金だけで大丈夫なのかということ。

はっきりいって、一般のサラリーマンなら、ほとんど問題ありません。ただし、そのために重要になるのが**出費を抑える**こと。本章では、誰でも実践できる、出費を減らすコツをお伝えします。年金だけで生活するために必要な大原則です。

## 銀行が示すデータにだまされるな

## ■3-01　高齢夫婦無職世帯の家計収支（2017年）

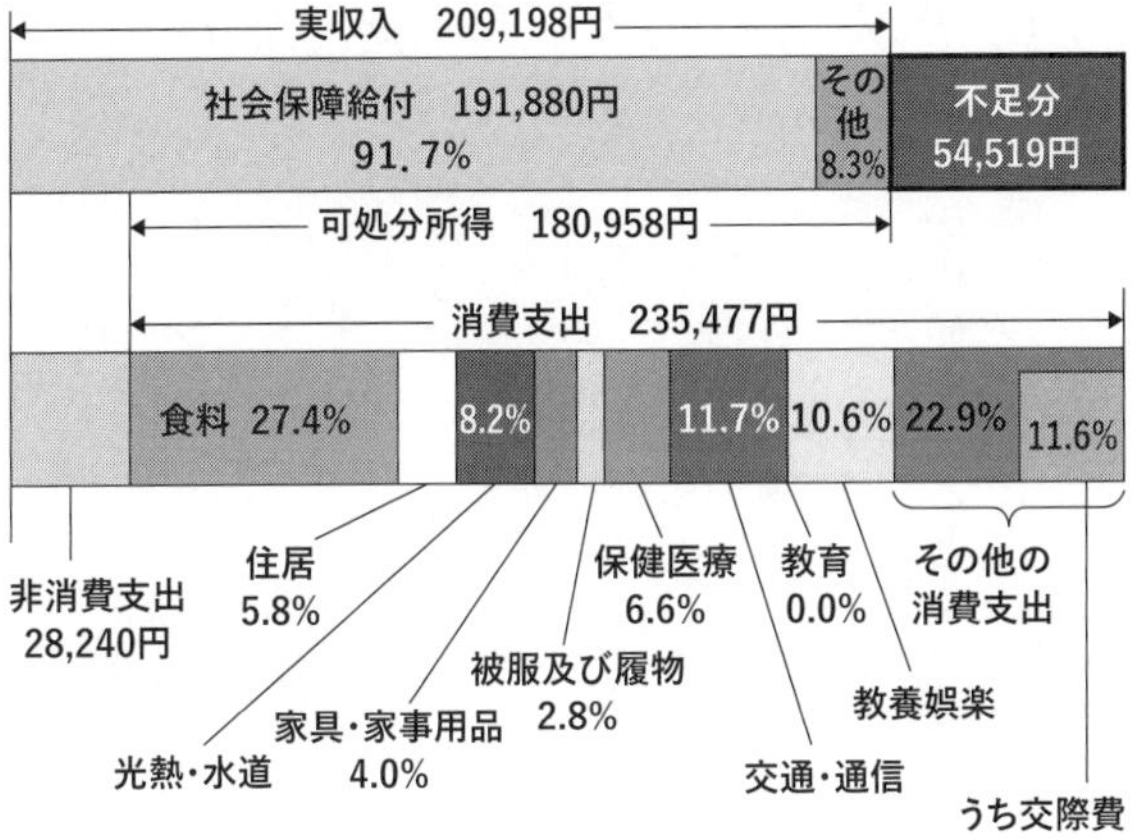


総務省「家計調査報告（家計収支編）2017年」をもとに作成

銀行の窓口に相談に行くと、まず見せられるのが、総務省が出している**「高齢夫婦無職世帯の家計収支（家計調査）」**（上の図表）です。

これを見ると、収入と支出の差がマイナスで、例えば**2017年のものだと5万4519円も不足する**ことになります。

このデータを示しながら、ファイナンシャルプランナーなどの資格を持つ銀行員が、こう言います。

「月々5万4519円不足すると、年間で65万4228円も不足します。このケースは夫65歳以上、妻60歳以上なので、**お2人であと30年生きるとすれば、１９６２万６８４０円足りなくなります。**しかも、これは生活費だけで、介護や医療のお金は入っていませんから、これを含めると５０００万円くらい用意しておかないと、安心な老後を迎えることはできませんよ」

聞いているほうは、そんなに多額の貯金はないのでびっくり仰天します。

おそらく、定年までに５０００万円を貯金しているという人は、そんなに多くはないでしょう。総務省統計局の発表（次ページ図表３－02）では、60歳以上の高齢者世帯の平均貯蓄額は２３８４万円ですが、ここには４０００万円以上の貯金を持っている17・６％のお金持ちも含まれています。

ですから、**中央値を見ると１６３９万円**。

つまり、大部分の人は、５０００万円もの貯金はないので、焦ります。その不安そうな顔を見て、銀行は「豊かな老後を過ごすために、投資で増やしましょう」となけなし

■3-02　高齢者世帯の貯蓄現在高階級別世帯分布（2人以上の世帯）—2017年

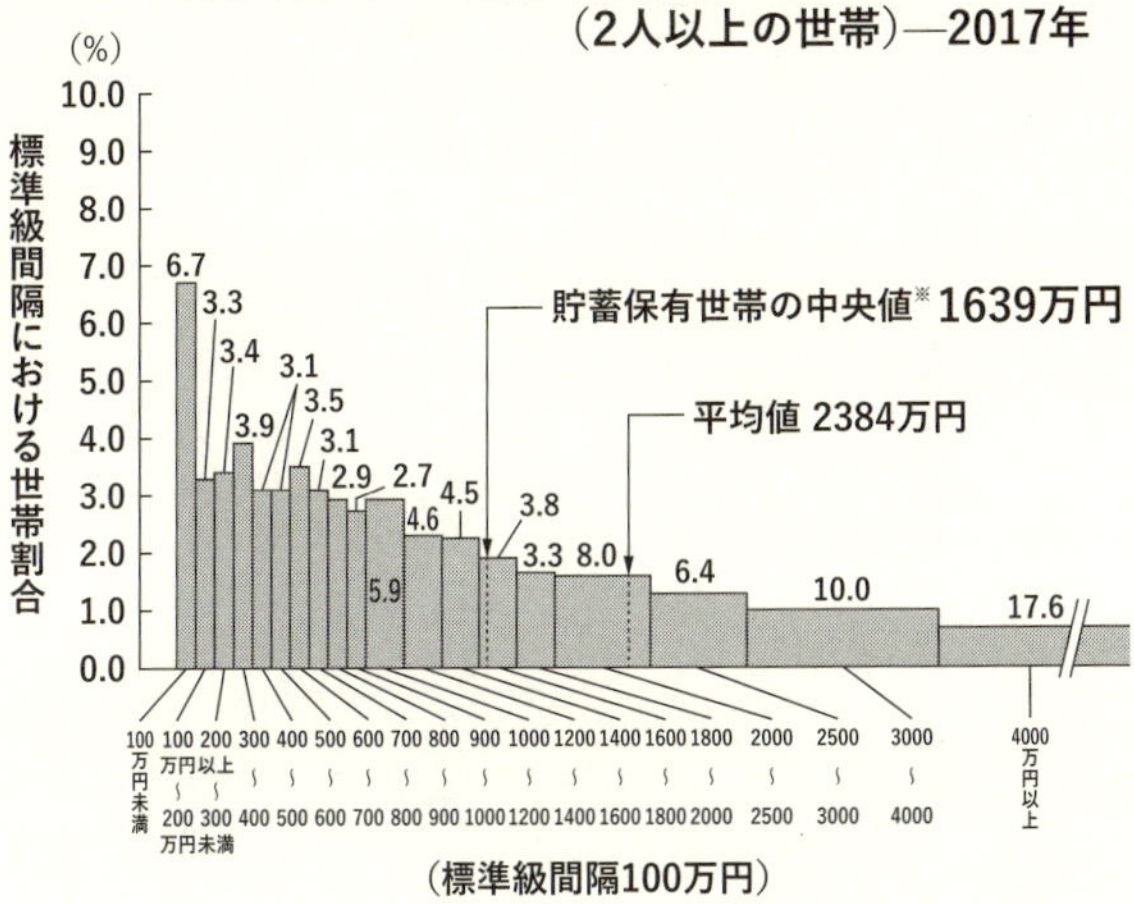


※貯蓄現在高が「0」の世帯を除いた世帯を貯蓄現在高の低い方から順番に並べたときに、ちょうど中央に位置する世帯の貯蓄現在高をいう

総務省統計局の HP をもとに作成

の退職金で投資をするように勧めてきます。けれど、投資をすれば、本当にお金や資産が増えて豊かな老後が迎えられるのでしょうか。

実は、金融庁が驚愕《きょうがく》するようなデータを出しています。**２０１８年の3月末時点で、銀行の窓口で投資信託を買った人の46%が損をしている**というのです。運用損益率が10～50%という人も10%ほどいました。

２０１８年3月末といえば、景気もまだそれほど悪くなかった時期。

その後、株価も乱高下しているので、現状では半分以上の人が損をしていると言っても過言ではないでしょう。

**銀行の窓口で投資を勧められ、それで資産を目減りさせてしまっては、明るい老後など来るはずがありません。**

## 資産を目減りさせないために「意識改革」を！

前述しましたが、老後を迎えている人の貯金の中央値は１６３９万円。だとしたら、今ある貯金を目減りさせないことが一番大切です。

こう書くと、「でも、１６３９万円しかないというのは、やっぱり不安。どうしたらいいのか」という声が聞こえてきます。

そういう人は、まず、老後のお金に対する**「意識改革」**をしましょう。

「意識改革をしましょう」と言うと、誰もがしたいとは思うのですが、どうすればいいのかがわからない、と言います。そこでここでは、大きく3つのことをピックアップしました。

**【意識改革の3ステップ】**
**ステップ1　「専門家に頼ろうとしない」**
**ステップ2　「今のリアルな生活を直視・改善する」**
**ステップ3　「家計最大の出費〝保険〟の正体を知っておこう」**

次ページからは、各ステップごとに意識改革のポイントを説明していきます。

**ポイント**

**「老後の資産は○○○○万円必要」「足りない分は投資を」と強調する銀行の言葉に惑わされないこと。**

お金の意識改革①

# 専門家に頼ろうとしない

## 銀行が示す数字はあなたのためではなく、銀行の都合

お金のことというのは、本来はあなたの家計の状況や家庭の事情をよくわかっている人でなくては対応できないはずです。

ところが、金融機関の窓口に相談に行くと、**あなたが置かれている状況をつぶさに聞くことはしません**。ファイナンシャルプランナーなどの資格を持った人が出てきて、前述のようにすぐに総務省の家計調査のデータを出し、「月々5万4519円不足すると、年間で65万4228円の不足。お2人であと30年生きるためには、介護費や医療費

を含めて5000万円は必要です。そこで……」といきなり投資を勧めます。
その言葉に、「専門家が言うなら」と、あなたも乗せられてしまったら、損をする46%の中に入ってしまう可能性は大です。

これは、**投資だけでなく、住宅ローンや保険など、すべての金融商品に言えること**です。例えば、住宅ローンの相談に行って「どれくらい借りられますか」と聞くと、「年収の30%までです」と言われます。

でも、これは**あなたの家庭状況から判断して言っているのではなく、銀行側が過去の貸付データから「この年収なら、返済負担率を年収の30%にしても取りっぱぐれがないだろう」と算出しているもの**。

親の介護にかかる費用やまだ小さな子供の学費などもあって、本当は年収の20%でないと返せないという人にも、30%の返済負担率で貸し付ける。

つまり、**銀行の言う数字は、あなたの都合ではなく銀行の都合で出している数字なのです。**

保険も、同じです。そんなに手厚い保障は要らない、と思っていても、「でも、収入が途絶えたら、収入保障特約をつけておいたほうが安心です」「高度先進医療に対応できる特約を」などと、営業の人は、**やたらといろいろな保障をつけた保険を勧めます。**

すると、話を聞いたほうは、「プロが勧めるなら、言う通りにしたほうがいいかな」と思ってしまう。

それで、**どんどん重装備な保険になり、その分保険料は上がっていきます。**

保険の相談員にとっては、保険が重装備になればなるほど保障が増えるので、イザという時のクレームが少なくなるし、その分自分のマージンも上がります。けれど、**保険料を支払うあなたがそれらの特約を使わなければ、保険料の払い損になります。**

## 高齢者2人の食費が約6万5000円!?

前述の投資の話に戻りますが、銀行の窓口に行くと、「生活費が不足するので、投資

## ■3-03　高齢夫婦無職世帯の家計収支

（単位：円）

| | |
|---|---|
| 消費支出 | 235,477 |
| 食料 | 64,444 |
| 住居 | 13,656 |
| 光熱・水道 | 19,267 |
| 家具・家事用品 | 9,405 |
| 被服及び履物 | 6,497 |
| 保健医療 | 15,512 |
| 交通・通信 | 27,576 |
| 教育 | 15 |
| 教養娯楽 | 25,077 |
| その他の消費支出 | 54,028 |
| 諸雑費 | 19,432 |
| 交際費 | 27,388 |
| 仕送り金 | 1,111 |
| 非消費支出 | 28,240 |
| 直接税 | 11,705 |
| 社会保険料 | 16,483 |

でお金を増やさなくてはいけない」と言われます。でも、**その内訳で示されたデータと自分の家の実情を比較すると、多くの方は、「これは違う」と思うところが多々あるのではないでしょうか。**

例えば、**食費**。家計調査の平均値では、高齢者2人の食費が月に6万4444円。

この数字を見て、「ちょっと多すぎないか？」と思う方は多いのではないでしょうか。

食べ盛りの子供がいる4人家族でも、月平均の食費は4万円から6万円の時代。老人2人で約6万5000円というのはかなり多いと思います。なぜこうなるのかといえば、食品はデパートで買い、月に1度は高級レストランで食事をするというリッチな老人世帯も、お米や野菜は親戚の農家からもらうので月の食費は3万円くらいという慎ましやかな老人世帯も、**すべて合わせた平均値**だからです。

しかも、総務省の家計調査というのは調査項目がとても多く、**比較的余裕があって、優雅な老後を送っている人たちが多く協力しているから**でしょう。

平均値というのは、目安にはなりますが、**それを元に自分の生活設計をするというのは間違いです**。人それぞれ、住む場所、好み、置かれている状況で、暮らし方は違うからです。

例えば食事の内容を見ると、青森市では鮭やホタテやイカが全国一食べられています。富山市ではブリ、餅、オレンジ。静岡市ではマグロ、しらす干し。京都市はなす、牛肉。福岡市は鶏肉、たらこと、住んでいる地域で好んで食べているものがみんな違う。

食事だけ見てもこれだけ違うのですから、生活全般となると、千差万別です。**専門家というのは、あなたの置かれている状況など理解しようとせずに、ただ数字だけを見て**

**「こういう人には、こういう対応」という型通りの提案しかしない**と思ったほうがいいでしょう。

## 専門家は頼るのではなく、使うもの

銀行や証券会社、保険会社の社員ではなく、中立な第三者の専門家なら大丈夫と思っている方もいます。しかし、**専門家といっても能力は様々。得意分野も様々で、必ずしも良いアドバイスを受けられるとは限りません。**

しかも、〝中立〟といいますが、もしあなたから多額の相談料を徴収しない場合、その専門家は、**どこからお金をもらって生計を立てているのでしょう。**

もちろん、無料相談もあります。**自治体が主催する無料法律相談**や、国によって設立された**法的トラブル解決の情報やサービスを受けられる「法テラス」**（無料法律相談については条件あり）などは、支援しているところがはっきりしているからいいのですが、そうでないところは、どこか関連企業からお金が出ているケースがほとんどです。支援元が確認できない場合はもちろん、中立の意見が聞きたい場合は、相談などしないほうがいいでしょう。

**専門家は〝使う〟もので、〝頼る〟ものではありません。**

また、**自分の疑問点をきちんと把握していないと、相手の答えが適切かどうかかも判断できません。**まず、自分がどうしたいのかという方針をしっかりとたて、その方針に沿って自分でいろいろと調べ、わからないところだけはお金を払って専門家に相談することが大切です。**相談の「相場」は、一般的な弁護士が30分5000円なので、それを1つの目安にしておくといいでしょう。**

**ポイント**

**老後のお金が不安になると、「お金の専門家」に相談しがち。だが、銀行や保険の営業は、あなたの生活状況を細かく把握してアドバイスしてくれるわけではない。方針が固まっていないうちは、頼ってはいけない。**

お金の意識改革②

# 今のリアルな生活を直視・改善する

「今のリアルな生活を直視しましょう」と言っても、「直視したくない」という方がほとんどかもしれません。なぜなら、それほど生活に余裕がないまま、その日その日を精一杯に生きているという方が多いからです。

けれど、そういう人こそ一旦立ち止まり、自分の生活や置かれている状況を客観的に見つめなおすことが大切です。そうしないと、これからどういう方針で老後を過ごしていけばいいのかがわからないまま、老後に突入することになりかねないからです。

やらなくてはいけないことは2つあります。

(1)**「資産の棚卸し」**↓どんな資産があって、どうすればベストかを見直す

**⑵「生活状況の洗い出し」↓現在の生活の中から、今すぐ改善できる点を探す**

まずは、「資産の棚卸し」から見ていきましょう。

## 自分の資産と負債を1枚の紙に整理する

「棚卸し」とは、商売をしている方が、どの商品がどれくらいの数量お店にあって、トータルでいくらくらいの在庫があるのかを調査、確認することです。その「棚卸し」の手法を資産に活用し、自分が、**どんな資産を、どれくらい持っているのかを調べ直してみるのが「資産の棚卸し」**です。

みなさんは、預貯金や債券などプラスの資産を持っているかもしれませんが、人によっては住宅ローンや自動車ローンなど、返さなくてはならないマイナスの資産（負債）

も持っていることでしょう。こうしたものを、**一度総ざらいして確認し、書き出してみましょう。**

書き方は自分が見やすいやり方でかまいませんが、**ポイントは1枚の紙に書くこと。もしノートに書くなら、見開きで書く。**1枚の紙やノートに見開きで書くと、**自分のすべての資産や負債が一目瞭然となり、これらを見比べることが容易にできるからです。**

104〜105ページの図表3−04は、その書き出し方の一例を参考までに提案したものですが、みなさんが持っている資産は、それぞれ異なりますから、必ずしもこれと同じでなくてもかまいません。自分が見やすいような表をつくってください。

そして、**書き出したら、眺めてみる。**すると、「どうも、思いのほか住宅ローンが多く残っている」「投資商品が多いけれど、買った時より目減りしている」など、気になる点が見えてくるはずです。

「資産の棚卸し」のポイントは、自分の資産がどうなっているのかが一目でわかるよう

| 不動産 | | | |
|---|---|---|---|
| 場所 | 種類 | 面積 | 評価額 |
| 富士見町 | 自宅 | 30坪 | 1500万 円 |
| 千代田町 | 投資用マンション | 10坪 | 600万 円 |
| | | | 円 |
| 不動産小計 | | | 2100万 円 |

・土地や不動産は、今売った場合の金額を記入します。近所の不動産会社に査定を依頼すれば、計算してもらえます。もしくは、同じマンションの最近の売買例なども参考になります

| 車や宝石など | | | |
|---|---|---|---|
| 種類 | 名義人 | 数量 | 時価 |
| 自動車 | 山田太郎 | 1 | 100万 円 |
| | | | 円 |
| 車や宝石など小計 | | | 100万 円 |

・車やオートバイ、宝石や貴金属、ブランド物の時計、バッグなど、換金価値の高そうなものを記入します。中古車販売店や質屋で買い取り価格の査定が可能です。インターネットは数社の見積もりを一度に取れるので、便利です

| 負 債 | | | |
|---|---|---|---|
| 金融機関 | 種類 | 金利 | 残債 |
| ○○銀行 | 住宅ローン | 3% | −3000万 円 |
| ××銀行 | 教育ローン | 4% | −100万 円 |
| ▲▲銀行 | 投資マンションローン | 3% | −900万 円 |
| 負債小計 | | | −4000万 円 |

・カード会社や消費者金融からの借入金や、住宅ローン、教育ローンの残債額を記入します。他に、分割払いしている金額の大きな商品があれば、その未払い金も記入しましょう

| 合計 | 500万＋500万＋2100万＋100万−4000万＝−800万 円 |
|---|---|

＝今ある資産

## ■3-04 実践「資産の棚卸し」作成例

**老後の備えをする前に、ぜひやっておきたいのが、「資産の棚卸し」。貯蓄のほか、保険、不動産の金額を時価で出してみましょう。大まかな額がわかれば大丈夫。これを踏まえて、将来設計をしてみましょう。**

| 貯蓄や投資信託・株式など | | | |
|---|---|---|---|
| 金融機関 | 貯蓄の種類 | 名義人 | 金額 |
| ○○銀行 | 普通預金 | 山田太郎 | 100万 円 |
| ××銀行 | 定期預金 | 山田花子 | 300万 円 |
| △△証券 | 投資信託 | 山田太郎 | 100万 円 |
| | | | 円 |
| | | | 円 |
| 貯蓄小計 | | | 500万 円 |

・預貯金はATMで現在の通帳残高を確認して記入します
・投資信託は「直近の基準価格」×「保有口数」で出すことができます
・株式は「前日の終値」×「保有株数」を時価と考えます。新聞やインターネットで、基準価格や株価を簡単に知ることができます。夫婦2人分の口座をもれなくチェックしましょう

| 保　険 | | | |
|---|---|---|---|
| 保険会社 | 保険の種類 | 被保険者 | 解約返戻金 |
| ●●生命 | 定期付終身 | 山田太郎 | 200万 円 |
| □□生命 | 終身 | 山田花子 | 300万 円 |
| | | | 円 |
| | | | 円 |
| 保険小計 | | | 500万 円 |

・保険は「解約返戻金」（解約時に返ってくるお金）が時価となります。1年に1度送られてくる「補償内容のお知らせ」に記載されている額を記入しましょう。ただ、掛け捨ての保険には解約返戻金はほとんどありません

に、**「資産の見える化」**をすることです。また、金額は**「現時点での金額、評価額」で記載してください。**

例えば保険なら、死亡保障額ではなく、今、解約したら戻ってくる「解約返戻金」を記入。また不動産も、購入価格ではなく、今の評価額を記載します。

表が完成したら、資産の合計額と負債の合計額を比べてください。

## 資産管理は、「棚卸し」→「見える化」→「健全化」の順序で

「資産の棚卸し」と「資産の見える化」を終えたら、次にやるべきことは、「資産の健全化」です。

「マイナスの資産」ばかりが多いという人は、プラスの資産を取り崩してマイナスを減らすことを考えましょう。取り崩すほどプラスの資産がない人は、マイナスをいつまでにどう減らすかという計画を立てましょう。

**これが、次の段階の「資産の健全化」につながります。**

例えば、ローンを抱えているなら、**今あるプラスの資産を取り崩して、金利が高いローンから返済していく。**プラスの資産が少なければ、それをつくるための計画を立てます。「100万円のカードローンを2年以内に利息も含めて返すためには、月々4万5000円ずつ返済する」といった、**具体的な数字を弾き出して計画を立てましょう。**

そして、この**金額を捻出するためにはどうすればいいのか考えましょう。**仕事を増やして収入を上げたり、妻がパートに出て稼いだり、社会人になっても家にいる子供にお金を入れさせるなど、いろいろな方法が考えられるでしょう。人によっては、親に頼んで遺産の前借りも可能かもしれません。様々な角度から方法を考えましょう。

「資産の棚卸し」で現状を把握し、「資産の見える化」をして対策を立て、どうすれば「資産の健全化」ができるのかがわかったら、あとは**その目標に向かって着々と進む**だけです。

問題点も方向性もわかっていれば、実践しやすくなります。

「資産の棚卸し」で、自分が置かれている状況を見たら、安心できる人もいれば不安になる人もいるでしょう。特に、ローンをたくさん抱えている人などは、できればそれを見たくない気持ちになるかもしれません。

けれど、そこから目を逸《そ》らしていても、不安な気持ちは消えません。**勇気を出してしっかり現状を見て、解決策を考える。**自分で解決できないことがたくさん出てきたら、そこで専門家の手を借りるのもいいでしょう。

まずは、その一歩を踏み出す。方向が見えれば、将来への不安はかなり払拭《ふっしょく》されます。

## レシート、領収書は忘れずにもらう

リアルな生活を直視する手段の2つ目は、「生活状況の洗い出し」です。これは、**今まさにどんな生活をしているのかを、家計の数字を見ながら精査してみること**です。

まずは、1ヶ月分の収入と支出を精査してみましょう。家計簿をつけている人は、家計簿に沿って書き出すといいでしょう。

家計簿をつけていない人は、買い物をするたびにレシートや領収書をもらっておく。**自動販売機での買い物など、レシートが出ないものは専用の小さなメモ帳を携帯**し、メモをしておく。夫婦や子供のこづかいもここにメモしておきましょう。

さらに、そこに銀行口座からの公共料金の支払い分を加え、111ページ（図表3－05）のように出費を1ヶ月分まとめてみましょう。

## こんなにある！生活費と固定費の落とし穴

直近の1ヶ月の出費を見れば、自分がどんな生活をしているのかがリアルにわかります。「そんなの、だいたいわかっているよ」という人でも、実際にこれをやってみると、**驚くほど反省点が見つかる**ものです。

実は、意外な習慣が出費の「落とし穴」になっているケースがほとんど。例えば、どのようなものがあるか、項目別に「傾向と対策」を見てみましょう。

### 「食費」の傾向と対策

思ったよりも食費が多いという人は、その日の献立を考えずにスーパーに買い物に行っていないか思い返してみましょう。

**子育て中の母親の8割は、「毎日の献立を考えるのが面倒だ」と思っている**というデータ（東京ガス「生活分野別調査2015年」）がありますが、献立を考えずにスーパーに行くと、不必要なものまで買い込んでしまいがち。冷蔵庫の中に入れっぱなしになっている賞味期限切れの食品が多いなど、ムダな出費が考えられます。

献立を決めて買い物に行くようにしましょう。

### 「日用品費」の傾向と対策

日用品費が意外に多いというご家庭は、セールなどの安い時に日用品をまとめ買いしていないかチェックしてみましょう。安い時にまとめ買いすればトクだと思っている人

## ■3-05 実践 1ヶ月の出費を書き込みましょう

| 項目 | 金額 |
| --- | --- |
| 食費 | 円 |
| 日用品 | 円 |
| 衣服・美容費 | 円 |
| 娯楽費 | 円 |
| 交通費 | 円 |
| 教育・教養費 | 円 |
| 医療費 | 円 |
| 交際費 | 円 |
| こづかい | 円 |
| その他 | 円 |
| 住居費 | 円 |
| 電気代 | 円 |
| 水道代 | 円 |
| ガス代 | 円 |
| 通信費（携帯代を含む） | 円 |
| 民間保険料 | 円 |
| 社会保険料 | 円 |
| 税金 | 円 |

| | |
| --- | --- |
| 合計 | 円 |

は多いですが、それでトクをするのは、買ったものの在庫管理がしっかりできる人だけです。

普通の人は、**たくさんモノを買い込むと、「たくさんあるから大丈夫」と気が緩んで、雑な使い方をしてしまうもの。**

例えば、歯磨き粉なども手元にその1本しかなければ、出にくくなったチューブを半分に切って、中に残っている歯磨き粉を歯ブラシに擦り付けて最後の最後まで使い切りますが、在庫がたくさんあれば、そこまでせずに捨ててしまう人も多いでしょう。

## 「衣類・美容費」の傾向と対策

この項目の出費が多い人は、自分が持っている服を把握していない場合が多く、その管理ができていません。そういう人に限って、好みの服を見つけると衝動的に買ってしまいます。結果、タンスの中には好きな黒のタートルネックの新しいセーターが何枚も入っているということに。

**衣類の管理は、携帯電話やスマホのカメラを使いましょう。**下着を除くすべての洋服を写真に撮り、ズボン、シャツ、スーツといったカテゴリー別に分けておく。そうすれば、服を買うときにすでに同じようなものを持っていないかチェックできるし、他にどんな服を持っているかがわかれば着回しも考えて買い物ができます。

そして、**買ったらまた写真に撮っておく。服を捨てるときには、写真も消すようにすれば、簡単に手元で衣類の管理ができます。**

## 「娯楽費」の傾向と対策

遊びに出かけた先で、ついつい余計な出費をして膨らみがちなのが娯楽費です。

かといって、全く遊びに行かないというのでは、人生が楽しくない。だとしたら、**あらかじめ予算を決めて遊びに行きましょう。**予算があると、その範囲内でなるべく楽しみたいと思うのでいろいろな工夫をします。

遊園地などの施設に行くなら、**あらかじめコンビニに寄って前売り券を買ってから行くと安くなります。**例えば、おじいちゃん、おばあちゃんが、子供夫婦と2人の孫と一緒に東京の豊島園に遊びに行く時、近所のコンビニに寄って前売り券を買って行けば、園内のチケット売り場より安く購入できます。

また、ウェブ限定のデジタルチケットは、のりもの1日券（大人）が4200円→1800円と2400円安くなります（2018年12月時点）。

食事の予定があるなら、最寄りの店のクーポンなどをあらかじめプリントアウトして持っていけは、食事代も安くなるでしょう。

## 「交通費」の傾向と対策

交通費は、何気なく使っているとかなりの額になりがちです。

例えばガソリン代。急発進、急停車、アイドリングなどをやめ、車間距離をきちんと取るなど**エコ運転に徹するだけで、1割程度燃費を抑えることができる**だけでなく、事故防止にもなります。

また、インターネットサイトの「**gogo.gs**」**や**「**e燃費**」**で家の近くの安いガソリンスタンドを探して給油する**だけでガソリン代を抑えられます。ちなみに東京都渋谷区で同じ日にレギュラーのガソリン価格を比べたら、1リットルで高いところが171円、安いところが136円と、リッターあたり35円の差がありました（2018年12月6日現在）。

**都心に住んでいる人は、自家用車が本当に必要なのか考えてみましょう。**車を持つと、ガソリン代だけでなく、車本体にかかる経費のほか、駐車場代や自動車保険、自動車税などもかかります。

最近では**便利なカーシェアリング**も増えています。車は、必要な時だけ借りれば十分、という人も増えています。

地方にお住まいで、**どうしても車が必要な方は、軽自動車がお勧めです。**乗用車に比べて、車両価格が安いだけでなく、税金やその他の維持費も安くなっています。燃費もいいので、ガソリン代も安く抑えられます。

## 「教育・教養費」の傾向と対策

最も削りたくないところですが、ただ、**新聞を朝刊だけにするとか、契約している有料の番組放送のチャンネルを絞り込むだけで、多少なりとも出費を減らすことはできる**

でしょう。

**高齢者のなかには、子供夫婦から「子供の教育費を援助してほしい」と言われ、月々負担しているという方もおられる**ようです。けれども、本当に高額な学費のかかる私立学校に行かせなくてはならないのかなど、子供夫婦と話し合ってみる必要があるでしょう。

## 「医療費」の傾向と対策

少しでも削るには、時間外に病院に行かないとか、薬はジェネリック医薬品にするなど様々なテクニックがあります。

ほかにも、**健康のために購入した健康器具や、体力増進のために加入しているスポーツクラブを、本当にフルに使っているのかチェックしてみましょう。**特に、身の回りに、テレビの通信販売で買ったけれど、使わなくなった健康器具や飲まなくなった健康サプリがゴロゴロしているという人は、しっかり反省したほうがいいかもしれません。

### 「交際費」の傾向と対策

長い老後でお付き合いし続けたい人を減らさないために、ある程度までの出費には寛容であるべきでしょう。ただし、**自分が見栄をはりすぎていないかということを一度考えてみてください。**

自分が見栄をはると、相手もそのレベルに合わせなくてはならないので相手にも負担になり、かえって関係が長続きしないケースもあります。なにも、**高価な品を送らなくても、季節の折々に近況報告の手紙やハガキを出すだけでも心は通じる**ものです。モノより「気持ち」を贈ることを大切に。

### 「こづかい」の傾向と対策

気をつけなくてはいけないのが「消えモノ」の割合。

ついついコンビニに寄ってそれほど必要のないものを買ってしまったり、駅で手持ち無沙汰なので売店で何か買ってしまったり。けれど、**そういうお金のことは、ほとんど覚えていないい**でしょう。

顕著なのが自動販売機での飲み物。**1日1回なにげなく飲料水を買うだけで月に300円以上、年間にすれば4万円近い出費**になりますが、ほとんどの人は買ったことさえ覚えていません。

新生銀行によれば、サラリーマンのお小遣いは1990年の7万7725円をピークに、3万7000円代が3年続いていましたが、現在は約半額の3万9836円（2018年度調査）。この先また下がる可能性もあるのですから、「消えモノ」に使っていてはもったいない！

## 「住居費」の傾向と対策

住宅ローンなどを組んでいると、住居費はなかなか減らせません。ただ、ボーナス払いをしている人は、ボーナス分を月々の支払いに振り分ければ、毎月の住居費は増えますが、ボーナスを貯金にまわすことができます。

**例えば、月々8万円、ボーナス時25万円の支払いだったら、月々の支払いを12万1700円に増やしてボーナス時の支払いをゼロにしておく。トータルの支払額を変えない**

**とすれば、ボーナスを貯金することができます（返済方法の変更には審査があります）**。

ただし、月々の支払いが４万１７００円も増えると、今までのような生活をしていては家計がもちません。ですから、なんとかお金を捻出するために、これまで書いてきたような見直しを真剣に行わなくてはならなくなります。

必然的に生活改善の意識が生まれれば、その結果、**家計が、ボーナスカットされても生活していける強い体質に変わる**はずです。

## 「電気代」「ガス代」の傾向と対策

電気代とガス代は２つ合わせて、１つの会社と契約したほうが安くなるケースが多いです。

電気とガスの自由化で、電力会社とガス会社の相互乗り入れが始まっていて、顧客争奪戦が起きています。なので、**電気とガスの両方を契約してくれた客に対しては、料金も含めた様々な優遇を始めています**。こうしたサービスを上手に使い、電気代、ガス代ともに安くできないか検討してみましょう。

また、電気代節約のためには、契約しているアンペア数を下げるというのも効果的。

例えば、東京電力だと60アンペアの基本料金は月額1684・8円ですが、40アンペアなら月額1123・2円と、月561・6円も安くなります。年間では6739・2円安くなります。しかも、40アンペアだと、エアコンも電子レンジも炊飯器もテレビもホットプレートもドライヤーもいっぺんに使うとブレーカーが落ちます。その分注意しながら使うので、使う量そのものも少なくなる傾向にあります。

電気やガスの契約を見直すだけでも、年間では万単位の節約になるでしょう。

## 「水道代」の傾向と対策

みなさんは、水道は公営なので、どこでも料金は同じだと思っているのではないでしょうか。ところが、**水道は、全国でかなりの料金格差があります。**

同じ使用量で比べた場合、兵庫県の赤穂《あこう》市が853円だとすると、北海道の夕張市は6841円（日本水道協会調べ、2016年4月1日、家庭用20立方メートルあたり）と、**約8倍の差があります。**

## ■3-06　用途別使用量の目安と節水策

| 使用目的 | 使い方 | 水量の目安 |
|---|---|---|
| 洗面・手洗い | 1分間流しっ放し | 約12L |
| 歯磨き | 30秒間流しっ放し | 約6L |
| | →コップにくむと約5.4Lの節水に！ | |
| 炊事 | 食器洗いなどで5分間流しっぱなし | 約60L |
| 洗車 | ホースで流しっぱなし | 約90L |
| | →バケツにくむと約60Lの節水に！ | |
| 風呂 | 浴槽の残り湯を捨てる | 約180L |
| | →半分を洗濯・清掃等に利用すると約90Lの節水に！ | |
| シャワー | 3分間流しっぱなし | 約36L |

東京都水道局のHPをもとに作成

**料金が高い地域に住んでいる人は、節約を心がけると大きなコストダウンになります。**上の図表は、東京都水道局による節水の目安です。

ちなみに、**東京都では水道局の各営業所で無料の節水コマ**を配っていて、これをつければ自動的に節水できますが、こうしたものを配っていない場合でも、節水コマは安価で購入できます。

### 「通信費（携帯代を含む）」の傾向と対策

家計の中でもここ数年大きく増えている出費の１つです。

２０１５年にヤフーが30代から50代の既

婚男女600人を対象に行ったアンケート結果を発表しましたが、ネット回線は平均5181円（最大4万7000円）、携帯電話・スマートフォンは1万1841円（最大10万7円）、固定電話が2222円（最大10万円）でした。

しかも、**「最も節約したいもの、減らしたいもの」の1位が通信費。ところが、携帯電話・スマートフォンと自宅のインターネット回線をセット契約すれば割引になるのに使っていない人が7割いました。**

今は、インターネットと携帯電話・スマートフォンのセットだけでなく、ケーブルテレビとのセットでグッとお得になります。フリーWi‐Fiを自宅でも外でもフル活用したり、通話アプリを使ったりすれば、料金はさらに安くなることも。

そして**決め手は、いわゆる大手と言われる携帯会社から、格安スマホへの乗り換え。**平均月額料金を比べると、大手利用者が7876円に対し、格安スマホでは2957円です（2017年3月・MMD研究所）。その差は4919円ですから、単純計算すれば家族4人で乗り換えれば、月約2万円を貯蓄に回せます。これは大きな節約でしょう。

### 「民間保険料」の傾向と対策

「保険」の中で見直せそうなのが生命保険。**かなりのご家庭で、大きな節約効果**を生みます。これは、少し込み入った話になるので、次の項でしっかり解説します。

**ポイント**

**資産と負債の「棚卸し」と、普段の出費を「見える化」すると、改善ポイントが見えてくる。あとは、健全化に向けて、生活を見直していけばいい。**

お金の意識改革③

# 家計最大の出費〝保険〟の正体を知っておこう

生活の出費を見直すうえで、一番の要《かなめ》となるのが「保険」です。

しかし、保険についてきちんと理解していない人が意外と多いのではないでしょうか。あらためて、保険の仕組みと利用する際のポイントを説明します。

## 保険の仕組みは、〝クジ〟と同じ

「保険」と聞くと、入っておかなくては不安だけれど、仕組みがよくわからないという人が多いのではないでしょうか。なんとなく難しいと思ってしまうのは、**保険の仕組みが難しいのではなく、保険を売る人の説明が難しいから**ではないかと思います。

「保険」は、じつはシンプル。**「保険」の仕組みは、〝クジ〞と同じだからです。**

以前、テレビで「保険の仕組みは〝宝くじ〞と同じだ」と言ったら、生命保険協会からクレームが来て、「保険は、不幸な目にあった人にお金を出す仕組みなのに、〝宝クジ〞にたとえるとはけしからん」とお叱りを受けました。なので、それ以来私は、**保険は〝宝クジ〞ではなく〝不幸クジ〞**だと言うことにしています。

けれど、仕組みが〝クジ〞であることに変わりはありません。

〝クジ〞とは、どういうものかといえば、**みんながお金を出して、当たった人がそのお金をもらいますが、誰が当たるかは神のみぞ知る。**努力すればもらえるとか、能力がある人に与えられるというものではありません。

「保険」も、この仕組みと同じで、みんなが出したお金を、その年に死んだ人や病気で入院した人がもらう仕組みです。

誰が死ぬか、誰が病気で入院するかは、神のみぞ知る。この点で、「保険」と〝クジ〟は同じ仕組みです。

**大きく違うところは、〝クジ〟は賭博の手段になるけれど、「保険」は、相互の助け合いの精神によって成り立っているということ**です。そういう意味では、江戸時代に流行した「無尽講《むじんこう》」や「頼母子講《たのもしこう》」の組織にも似たところがあります。

「講」というのは、今でいう「組合」のようなもの。鎌倉時代からあったと言われる助け合いの組織で、仲間が集まってお金を出し合い、年に1回〝クジ〟を引き、当たった人がみんなから集めたお金を総取りする。**「保険」と「講」の違うところは、「講」の場合は、最終的にみんながお金を受け取ったところで解散しますが、「保険」では、最後まで〝クジ〟に当たらない人が出ること。**

「保険」とは、イザという時のためにみんなでお金を出し合い、不幸な目にあった人が、出したお金をもらう（保険会社などの経費を除く）助け合いの〝不幸クジ〟ですから、**お金がある人、イザという時にも困らない人は、わざわざ「保険」に入る必要はありません。**

しかも、保険料を支払ったからといって必ずお金がもらえるわけではありません。

山のように〝クジ〟を買っても外れてしまう人がいるのと同じで、山のように「保険」に入っても、お金を払っただけで終わる人はたくさんいます。

だとしたら、**「保険」に入るなら、イザという時に必要な分だけに絞って入る**べきでしょう。

## 「死亡保障」の保険料は、生き延びる確率で計算される

保険には、大きく2つあります。命に関わる**「生命保険」**と、火災や自動車事故など偶発的な事故に備える**「損害保険」**です。

「損害保険」は、自動車保険や火災保険、地震保険など仕組みがわかりやすいのですが、なんだか難しくてよくわからないのが「生命保険」。

そこで、ここでは、「生命保険」の仕組みについて見ていきましょう。

まず、基本の繰り返しになりますが、**「生命保険」は、自分の健康や命をかけた〝クジ〟**です。そして、この〝クジ〟では、2つの保障が対象となっています。

1つは、**自分が死んだ時にお金がもらえる「死亡保障」**。もう1つは、**病気になって入院（通院が対象のものもある）したらお金がもらえる「医療保障」**。この2つの保障は、どちらも掛け捨ての〝クジ〟。

そして、この〝クジ〟に当たる確率は、厚生労働省の「生命表」や「患者調査」をもとに計算されます。

例えば、厚生労働省が毎年出している**「簡易生命表」**（2017年）では、男性の場合、**10万人の男性がオギャーと生まれ、105歳までにほとんどの方がお亡くなりになる（105歳以上でもまだ71名がご存命ですが）という前提**で、その間、どれくらいの確率で死亡していくのかを表にしています（女性も同様）。

これを参考に、オギャーと生まれた10万人の男性がどれだけ残っているかをみると、

30歳で、9万9025人

40歳で、　9万8340人
50歳で、　9万6846人
60歳で、　9万3030人
70歳で、　8万3657人
80歳で、　6万3517人
90歳で、　2万5848人

**10万人の男性が、5万人を切るのは85歳（4万6479人）。つまり、男性の2人に1人は、84歳まで生きているということ。**

男性の平均寿命は81・09歳（2017年）ですが、これは、80歳を過ぎてから急激に死亡率が上がってくるのでその平均値を取れば81・09歳となるのですが、実際には男性の2人に1人は84歳まで生きます。

女性の場合、平均寿命は87・26歳ですが、生命表で、オギャーと生まれた10万人の女性が5万人を切るのは、**91歳（4万5412人）**。**つまり、女性の2人に1人は90歳まで**

**生きている**ということです。

## 運用利回りが一生変わらない「貯蓄型の保険」に注意

男性の場合、30歳から60歳まで生命保険の死亡保障をかけるという方が多いと思いますが、「生命表」を見ると、30歳から60歳の間に死ぬ人は、9万9025人中5995人。つまり、**9万9025人が支払った「死亡保障」の保険料を受け取れるのは、その中の5995人で、あとの9万3030人は、保険料を支払っただけ**ということです。

「医療保障」も、入院した人の給付金は、入院しなかった人が負担する掛け捨ての仕組みになっています。

「死亡保障」も「医療保障」も、掛け捨ての〝クジ〟だと書くと、「でも、私の保険は、掛け捨てではない。ちゃんとお金が戻ってきますよ」とおっしゃる方がいます。

それは、**「死亡保障」と「医療保障」という掛け捨ての2つの保障に、貯金がくっついているようなもの。**「死亡保障」と「医療保障」は1年ごとの掛け捨ての〝クジ〟ですが、そこに積立貯金がついているのが貯蓄型の保険です。

ただ、**保険の貯蓄は、銀行の貯金とは大きく異なります。最大の相違点は、積立期間と運用利回り。**

積立期間は、銀行では長くても10年くらいまでですが、生命保険の場合には20年、30年の長きにわたるものもあります。

しかも運用利回りについては、銀行の積立は、その時々の金利に合わせ、同じ1万円ずつの積立でも、金利が1％の時に預けた1万円は1％で運用され、次の月の金利が2％になれば2％で運用されています。

けれど**生命保険の場合には、契約した時の運用利回りで最後まで運用されます。**

ですから、例えば、運用利回り5・5％で契約した個人年金は、今のような低金利時代でも、5・5％で運用されています。一方、今の1％前後の運用利回りで契約した人は、世の中の金利がどんなに上がっても、最後まで1％前後で運用されていきます。運用利回りが1％でも増えない理由は、142ページをお読みください。

## 保険用語は覚えなくていい

みなさんが、「保険は難しい」と思うのは、保険用語が難しいからでしょう。

生命保険のことを勉強しようと本を買ってきてページをめくると、「終身保険」と書いてあるのでその仕組みを一生懸命に理解し、次のページをめくると「定期付き終身保険」と書いてあるので、これも理解しようと思う。さらに次のページをめくると「養老保険」とあって、「養老保険」のことを読んで理解しようとしているあいだに、すでに「終身保険」のことは忘れてしまっているという方が多いのではないでしょうか。

**保険で売っているのは「契約」です。何か品物を売っているのではなく、「イザとなったらお金を支払う」という契約を売っている。ですから、契約の正確さを期すために用語が難しくなってしまうのです。**

それで「保険は難しいから、プロにお願いしよう」ということになっている人が多いのですが、その結果、山のように特約（保障）をつけた保険に入らされてしまうことになります。

最少の保険金で、イザという時に備えたいなら、保険用語など覚えなくてもいい。**大切なのは、「どんな保険があるのか」よりも、自分には「どんな保障が必要か」をシンプルに考えてみること**です。

そして、生命保険の対象は前述したように「死亡保障」と「医療保障」の２つなので、それぞれイザという時のためにどれくらい確保しておきたいのかを考えればいいのです。

## 保険は、最低限のリスクに対応するものに絞る

生命保険文化センターの「平成30年 生命保険に関する全国実態調査（速報）」を見ると、１世帯あたりの年間払込保険料（個人年金保険の保険料を含む）は平均38万2000円、**月３万円以上を保険につぎ込んでいる**ことになります。

こんなに保険料を支払っているのでなんとかしたいと思っている人が多いようで、よく聞かれるのが、「保険料をもう少し下げるにはどうすればいいのか」というお悩み。

そこで、「どんな保険に入っていますか」と尋ねると、「よくわからない」という人が実に多い。毎月、3万円ものお金を支払っているのに、何のために支払っているのかわからないなんてもったいない！

保険は〝クジ〟ですから、たくさん入っても当たらなければ、支払ったお金は戻ってきません。だとしたら、**最低限、イザという時にこれくらいのお金がないと困るというリスクを見極めて加入すべきでしょう。**

では、その最低限のリスクとは、どういうものか。まず、大黒柱が死んだ時のリスクから見てみましょう。

## 子供が社会人になったら死亡保障を削る

日本では、みんなが年金に加入しているので、夫婦のどちらかがなくなると、18歳未満の子供がいれば「遺族年金」が支給されます（44ページを参照）。

サラリーマンのご主人が亡くなって、小さなお子さん２人と専業主婦の奥さんが残された場合、子供が18歳になるまでは月々15万円前後のお金が年金から支給されるのです。

逆に、専業主婦の奥さんが亡くなって幼い子供２人とご主人が残った場合でも、子供が18歳になるまで月10万円程度の「遺族年金」が支給されます。

つまり、**残された家族が困らないように、国から遺族年金が支給されるのです**。けれど、国は、大学まで行くお金は出してくれません。もし、子供を大学まで行かせたければ、その分の教育資金は現金で確保しておかなくてはいけないということです。

日本では、子供を大学まで行かせると、１人１０００万円かかると言われています。その分は、貯金がなければ夫の生命保険で補わなくてはいけないということになります。

だとすれば、子供が学校を卒業するまでは１人あたり１０００万円の死亡保障をかけ、**子供が社会人になった時点で、その死亡保障を思い切って削ってしまえばいいでしょう。**

## 公的な医療保険で、ほとんどの治療費はカバーできる

「医療保障」については、まず国の有利な「医療保障制度」を知って、そこで不足するくらいの金額を民間の医療保険で補えばいいでしょう。

詳しくは210ページ以降で書いていますが、**日本が誇る健康保険（アメリカには日本の国民健康保険のような制度はない）は、国民の誰もが病気になったら治療を低料金で受けられる優秀な制度**であり、病気にならないようにと健康診断まで行ってくれます。

会社員なら健康保険組合、会社に健康保険がない人は協会けんぽ、自営業は国民健康保険に加入し、種類は違っていても働く世代の医療費負担は3割。つまり病気になっても医療費の7割は健康保険が負担してくれるのです。

しかも、**100万円の治療を受けた場合でも、収入に応じて自己負担額が9万円くらいになる「高額療養費制度」という制度**もあります（申告することで90万円以上が還付）。

がんで大手術をして、抗がん剤も投与して、その間に入院をして、医療費が月に100万円かかったとしても、自分が払うのは月9万円くらい。だとしたら、**わざわざ民間のがん保険に入らなくても、貯金でなんとかなるという人も多いでしょう。**

もちろん、食事代や、グレードの高い1人部屋を望んだら「差額ベッド代」は全額自己負担になりますし、稀《まれ》に健康保険の対象にならない病気になるケースもあります。そうした時には、健康保険に入っているだけでは足りないかもしれませんが、個室でも大部屋でも医師の医療行為そのものに差が出るわけではありません。

## 大手術をしても、すぐ退院したら保険金はそれほどもらえない

そもそも、**今の病院は、手術入院したとしてもそれほど長くは看てくれません。**

友人で**腎臓がんの全摘手術**をした人がいます。今は開腹手術ではなく内視鏡手術も多いので、患者の負担もかなり軽減されています。手術の前々日に入院をし、手術は約3

時間で終了。その後、病院に3泊して退院したので、入院日数は6日間。お見舞いに行く暇もありませんでした。

本人の自己負担額は、高額療養費制度を使い、食事代やパジャマ代を加えて約11万円。貯蓄で十分間に合いました。民間の日額5000円の医療保険に入っていましたが、入院日数6日では、長年払い込んだ保険料のモトはほとんど取れませんでした。

厚生労働省の患者調査（2016年）によると、**一般病棟に入院した日数は0〜14日が70・6%、15〜30日が16・5%で、87%の人は、1ヶ月以内に退院しています。**病気になっても、入院日額を稼いで保険金をもらうのはなかなか大変な時代になりました。

## どうすれば、保険をスリム化できるのか

生命保険は、「死亡保障」と「医療保障」の2つの保障を、最低限必要な分だけ付ければいいということがわかれば、逆に、今入っている保険を、どこまで削れるかがわか

ります。

まず、最低限必要な保障額を出し、それに沿った保険に変更すればいいのです。その手順は、次の3つです。

(1)自分の保険を裸にして、主契約が適切かを検討する
(2)保険についている特約が、本当に必要なのかを検討する
(3)貯蓄性のある保険なら、運用利回りを調べる

具体的にどうすればいいのかを、順番に見ていきましょう。

## 保険のスリム化① 自分の保険を裸にして、主契約が適切かを検討する

保険には、これがないと保険が成り立たないという「**主契約**」と、その保険をよりグ

レードアップさせる「**特約**」があります。**主契約がメインの契約で、特約がオプション**ということです。

まずは、メインの主契約が足りないのか、それとも多すぎるのかを確認しましょう。

例えば、定年が視野に入っている方なら、子供はすでに大学を卒業して社会人になっている可能性が高いでしょう。だとしたら、自分が死んだ後に家族が教育資金で困るというリスクはなくなっています。ですから、**子供の教育資金確保のためにつけていた「死亡保障」は、大幅に削れます。**

「医療保障」についても、136ページで説明したように、医療費そのものは日本ではそれほどかかりませんから、その分も削れるはずです。

## 保険のスリム化② 保険についている特約が、本当に必要なのかを検討する

メインの契約についてどうするかを決めたら、次に、オプションである特約をどうす

るのか検討してみましょう。

**実は、保険を複雑にして、保険料を高くしているのが特約**だというケースが往々にしてあります。例えば、**日本人の病気の上位を占める「がん」「脳卒中」「急性心筋梗塞」の３つに対する「三大疾病特約」**。この特約がついていれば、これらの病気になったときに保険が出るので安心だと思いがちですが、実は、**どんな状況でも保険が出るわけではありません。**

「がん」は、**皮膚がん、上皮内がんなどが保障対象から外れるケースが多く、**「脳卒中」に該当するのは、くも膜下出血、脳内出血、脳梗塞と診断された場合に限ります。

また、**「心筋梗塞」は「急性の狭心症」と診断された場合でも、最初に医者が診断をしてから60日以上まともに働けない状況が続いていないと保険が出ない**といったケースも少なくありません。

２０１４年の厚労省患者調査概要では、「心疾患（心筋梗塞など）」の平均入院数は20・3日です。「脳血管疾患（脳出血や脳梗塞）」の場合は、平均89・5日と長いですが、入院している人を年齢別にみると、15歳～34歳までは平均入院日数が44・6日、35

歳～64歳までは46・9日で、いずれも60日未満です。

65歳以上になると、入院が長期になることを見越して、年金をもらうと同時に保険そのものを見直すという人も多くなります。ただし、**この「60日ルール」があるために、給付の対象から外れるという可能性を見逃しがちなので、注意しましょう。**

もちろん、保険は確率の問題なので、こうした厳しい条件をくぐり抜けて給付される可能性もありますが、**以前起きた保険金未払い騒動の中で、未払いが多かったのががん保険特約や三大疾病特約**でした。

### 保険のスリム化③

## 貯蓄性のある保険なら、運用利回りを調べる

子供が社会人になったら、「死亡保障」はかなり削ってしまってもいいと書きましたが、すべての「死亡保障」を削ってしまってもいいわけではありません。

131ページでも説明したように、**保険は、加入した時期によって、予定利率という**

### ■3-07　生命保険の予定利率の推移

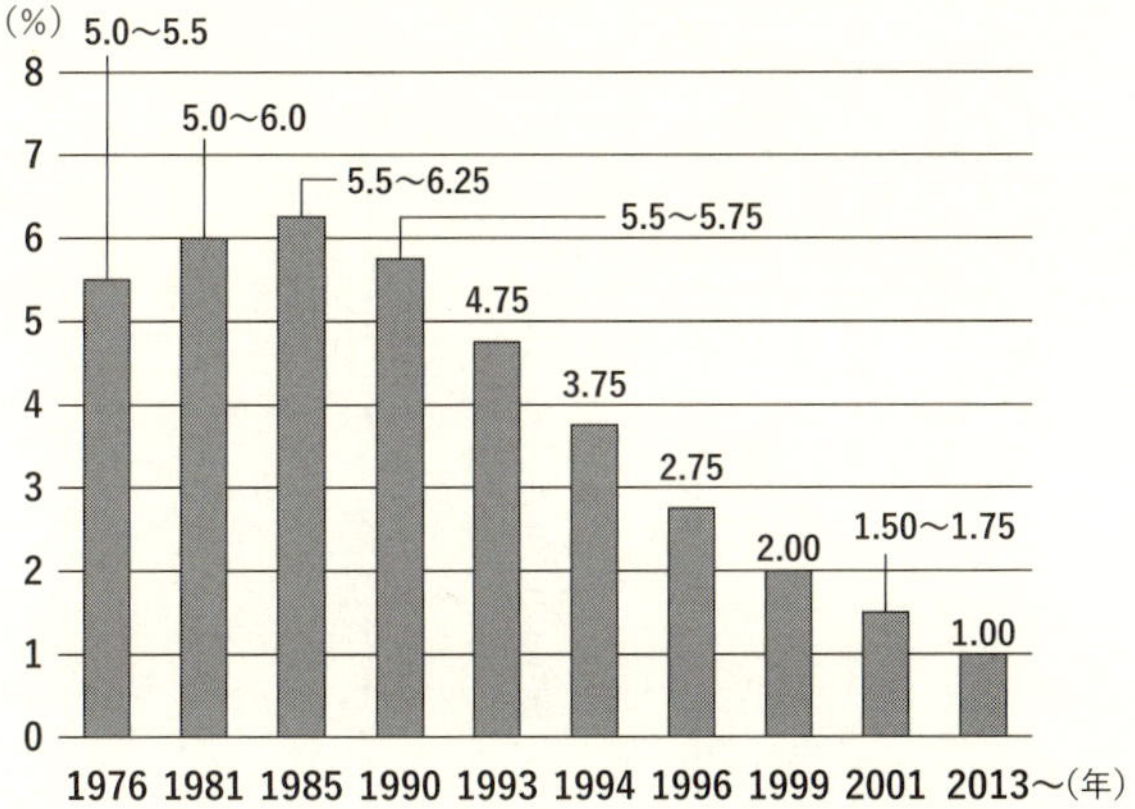


各種資料をもとに作成

**保険の運用利回りが変わってきます。**

「死亡保障」でも、貯蓄性のある終身型の生命保険などは、１９９０年以前に入っていれば、今の低金利の中でも５・５％という高利回りで推移している可能性があるので、立派な貯金になっています。

ところが、最近の保険は１％前後。

１％といえば、銀行の金利よりいいと思うかもしれません。けれど、銀行預金の利息は微々たるものでも、１万円預けるとそこに利息がついていくので引き出した時に１万円を割り込むことはありません。

それに対し保険の場合には、**１万円の保険料を支払うと、そこから保険会社の経費**

**を引いて1％で運用されていくので、なかなか預けた1万円になりません。**

もし、自分で見てわからなかったら、次の手順で保険会社に聞いてみましょう。

**自分が加入した保険が貯蓄性のあるものなのか？**

↓

（貯蓄性があるとしたら）**このまま置いておくと増えるのか？**

↓

（増えるということなら）**どういった推移で増えていくのか？　いつまで置いておくのがおトクか？**

具体的な数字を出して回答してもらうといいでしょう。

## 生命保険は、保険料が一番安い会社が良い会社

生命保険は、同じ保障内容でも保険会社によって保険料が違います。どんな保険が一番良いのかといえば、ズバリ、**保障が同じなら、保険料が一番安いものが一番良い。**

なぜなら、保険の「死亡保障」や「入院保障」の保険料は、**日本人が死ぬ確率や病気で入院する確率から算出されているので、この部分の保険料はみんな同じ。違うのは、その保障の上に、どれだけ保険会社の経費が上乗せされているかということ**だからです。

こう書くと、「私が入っている保険は、大きな会社でアフターフォローもしっかりしているので、その分高くても安心」とおっしゃる人がいます。

けれど、**生命保険は、基本的にはアフターフォローのない商品**です。

死んだらすかさず保険会社が保険金を振り込んでくれるわけでもないし、入院したら

すぐに給付金が振り込まれるわけではありません。

加入している人の**ご遺族が、自分で医者のところに行って死亡診断書を書いてもらい、保険会社に送らなければ、保険金は出ません。**病気も同じで、**入院したら、自分で医師に証明書をもらって保険会社に請求しなくてはなりません。**待っていたら、誰かがそれをすべてやってくれるわけではないのです。

「私の担当者は、時々やってきて保険の見直しをしてくれる」という人もいますが、本当に親切心だけでそうしているのでしょうか。**保険を勧誘する人のマージンは2年程度で切れるケースが多く、そこでまた新しい保険に買い換えてもらうと、新たにマージンが発生するの**で、そのために営業にやってくる人も少なくありません。

**ポイント**

**保険は、「死亡保障」と「医療保障」に、最低限のリスクに応じて加入すればいい。自分の加入プランを見直し、余計な「特約」は解約し、安い保険に切り替えること。**

# 第4章

# やっぱり投資はしてはいけない

――損をしないためのリスクヘッジ

投資の誘い文句

# あなたの貯金を狙う「言葉のマジック」に注意！

## 銀行・郵便局で、投資信託を買うと損をする!?

**「銀行で投資信託を買っている人の46％が〝損〟をしている」**

前述しましたが、こんな衝撃的なデータを、金融庁が発表しました。２０１８年3月末時点で、主要銀行9行と地方銀行20行の窓口で投資信託を買った客全員の手数料を差し引いた実質的な手取りを調べて公表したものです。

しかも、その後、株価が乱高下し、世界的に景気に翳《かげ》りが見え始めていることを考えると、**さらなる損が発生している可能性**があります。すでに、銀行の窓口で投資信託を買った人の半分以上は損をしているのではないかと推測できます。

銀行ばかりでなく、郵便局でも同じことが起きています。

**じつは、郵便局でも投資を勧めています。やはり投資信託です。**

郵便局の貯金には、１人１３００万円までしか預けられないという預け入れの上限があります。

ですから、この上限を超えた部分で、投資信託を勧めていることになります。

多くの人が、郵便局が勧める投資信託なのだから安心だろう、と言われるままに購入してしまうのですが、郵便局の投資信託の運用実績を見ると、かなり損をしているケースも見受けられます。

郵便局では、現在、**１２６本の投資信託が売られています。このうち、30本は基準価格割れ**しています。つまり、30本は1万円で買ったのに、１万円を割り込んでいる（２０１８年12月7日現在）ということです。

なかには、買った値段が１万円なのに対して３０００円くらいまで落ち込んでいるものもあります。ここには、投資信託を購入する時にかかる手数料は入っていないので、これも含めると、損失額はもう少し多くなるかもしれません（購入時手数料は無料のものもあります）。

このように、今、金融機関だけでなく、国を挙げて投資を勧めていて、多くの人が**「投資をしなくては幸せな未来はやってこない」と信じ込まされている**ようです。

もちろん、投資で儲《もう》かっている人もいらっしゃるでしょうが、投資したがために損をしている人も実は多いということです。

## 「投資」を「資産形成」に置き換えて、明るい未来をばらまく政府

「投資」には、リスクがあるということは、多くの人が知っています。そのため、ちょっと近寄りがたいと思う人も多いようです。

実は、この「投資」への不安を払拭するために、**2016年頃から、政府は「投資」**

**を「資産形成」という言葉に置き換えて、それまでの「貯蓄から投資へ」のスローガンを、「貯蓄から資産形成へ」と変えました。**

確かに、「投資しよう」と言われると尻込みする人も、「資産形成をしましょう」と言われたら、やってみようという気になるかもしれません。

国は少し前まで、「教育資産や住宅資金など予定のあるお金は、先々がわからない投資ではなく、しっかりと現金で貯めましょう」と言っていました。けれど**今は、「教育資金も住宅資金も資産形成（投資）で用意しましょう」と言っているのですから、言っていることが真逆です。**

「投資」という言葉が「資産形成」に置き換えられただけで、確かにイメージは将来に対して前向きな感じになりましたが、**これは単なる言葉の置き換えであって、これで投資のリスクが減ったわけではありません。**

これは言葉の置き換えのごく一部。投資の世界には、私たちがだまされやすい「言葉のマジック」が、まだまだたくさんあります。

## 素人《しろうと》をだます投資の3大用語

投資をしたことがない人を投資に誘い込むには、素人が「そうなのか」と思うような、説得力のある言葉が必要です。

私は、それが「**分散投資**」「**長期投資**」「**積立投資**」という3つの言葉だ、と思います。投資に一度でも興味を持った方なら、聞いたことのある言葉だと思いますが、そこには何が隠されているのでしょうか。

「**分散投資**」とは、1つではなく様々なものに投資して、投資リスクを分散させることによってイザという時にも慌てなくて済むというもの。

「**長期投資**」とは、短期で売買を繰り返すのではなく、長く持っていることで損の穴埋めもできて最終的には良い結果になるというもの。

「**積立投資**」は、一定額をコツコツと積み立てて投資していくことで資産形成ができるというもの。

「お金を大きく増やしましょう」という趣旨の本には、この3つが、いかに大切かが書かれているはずです。中には、素人がリスク回避するには、「分散投資」「長期投資」「積立投資」をしなくてはいけないと力説する本もあります。

けれど、**素人こそ、「分散投資」「長期投資」「積立投資」という3つの言葉にだまされてはいけません。**さらにいうなら、初心者が、この3つの言葉を鵜呑《うの》みにして投資すると危険とさえ思います。その理由を次ページから1つずつ見ていきましょう。

**ポイント**

**国や銀行、郵便局は、「甘い言葉」であなたを投資の道に導こうとする。その言葉を鵜呑みにすると、大損するケースも。**

投資のリスク要素

# 金融機関が勧める商品は安心・安全か？

## 分散投資のリスク①

### 投資の鉄則「卵は、1つのカゴには盛らない」の嘘

投資のセオリーのように言われている「**分散投資**」。よく卵にたとえられ、「卵は1つのカゴに盛るな」とも言われます。

1つのカゴに盛って落としてしまったら、全部が割れてしまいますが、いくつかのカゴに分けておけば、1つのカゴが落ちて卵が割れても、他は保全されるので安心という意味。

同じように、投資も1つのものに全額つぎ込むのではなく、様々なものに分けて投資

すれば、１つがダメでも他でカバーできるというのです。

こう聞くと、誰もが、もっともだと思うことでしょう。

こうした投資の仕方を、「ポートフォリオを組む」といいます。**プロは、預かったお金を、預金、株式、債券、不動産など様々なもので組み合わせて運用し、リスクを回避しています。**しかし、素人は、知識もないしお金もそんなに潤沢にはありませんから、あれもこれもと様々な金融商品に資産を分けてポートフォリオを組むということが難しい。

したがって、金融機関の窓口では、「分散投資が大切です」と説明されて、「これが、分散投資されている投資信託です」と、**金融機関が売りたい投資信託を買わされてしまうということになりがちです。**

投資信託は、確かに様々な金融商品に「分散投資」しています。みなさんが直接投資した複数の「ベビーファンド」を集めて資金を大きくした「マザーファンド」が、国内外の株式や債券など様々なものに投資しているケースもあるし、「ファンド・オブ・ファンズ」と言って、複数の投資信託を投資対象としているものもあります。

「ファンド・オブ・ファンズ」では、すでに「分散投資」している投資信託を複数集めてさらに「分散投資」をするのですから、

**分散投資×分散投資＝超分散投資**

となって、よりリスクが分散しているので安心というロジックですが、はたして、この「超分散投資」の商品は、素人向きといえるでしょうか。

じつは、この「**ファンド・オブ・ファンズ**」**には、2つの大きな欠点があります。**

**1つは、この投資信託に投資すると、二重に手数料がかかってしまい、その分の利益が減ってしまう**ということ。

**もう1つは、**投資信託というのは、ただでさえどんなものに投資しているのかがわかりにくいのに、その投資信託を複数組み合わせると、**中身がどうなっているのかがます**

**ます素人にはわからなくなる**ということです。

## 分散投資のリスク② 経済危機に弱い

**「分散投資」は必ずしも盤石な方法ではなく、特に経済危機に弱い側面があります。**

２００８年９月15日、リーマン・ブラザーズ・ホールディングスの経営破綻に端を発した金融危機で、ＮＹダウはリーマン・ブラザーズの破綻からわずか半年で、暴落前の約60％まで下落しました。

**原因は、「サブプライムローン（低所得者向け住宅ローン）」**。

アメリカのウォール街と格付け会社が組んで、この「サブプライムローン」を証券化し、優良（ＡＡＡ＝トリプルエー）商品に仕立て上げ、水増しして、世界中の投資商品の中にバラ撒《ま》いたのです。まさに分散投資そのものです。

ところが、低所得者向けの住宅ローンなので、返せない人が急増。細切れになってどこに入っているのかわからなくなってしまった「サブプライムローン」は、いつどこで破綻するかわからない時限爆弾となり、投資家を恐怖のどん底に叩き落としたのです。

結果、リーマン・ショックが引き起こされ、大不況がやってきて、投資をしていない人まで給料カットやリストラの憂き目にあったのはご存じの通りです。

しかし、影響はそれだけに留まりませんでした。

当時、日本にはそれほど影響がないのではないかと言われていましたが、**実は、「株価」だけを見ると、アメリカよりも日本のほうが大きく下げています。**

リーマン・ショックで円高が加速し、輸出産業が収益悪化という大打撃を受けました。そのため、日経平均は2008年1月の1万5157円から、10月には6995円まで下がり、半値以下になりました。

**「為替」**の状況を説明すると、リーマン・ショックの震源となったアメリカのドルが売られたことで、日本円が買われて円高になりました。**リーマン・ショックの前の8月に**

**は１ドル約１１０円でしたが、リーマン・ブラザーズが危ないという噂が出て、その後に破綻すると、ドルが急激に売られたことで円は一時87円まで円高になりました。**

そもそも、２００７年６月には１ドル１２４円だったので、もともと円高は進んでいたのですが、さらにリーマン・ショックで安全な資産と見られた円に買いが集まり、円高が進みました。

**「住宅価格」**は、サブプライムローンが問題視されていた２００６年後半からはすでに下がり続けていましたが、リーマン・ブラザーズの破綻で大きく下げました。

**日本は、都心ほど大きな影響を受け、東京23区の平均坪単価**（住宅地・公示地価）**は、２００８年の２２８万円から、２０１３年には１５８万円と約３割下がっています。**

**リーマン・ショックは、リスク分散されているはずの「投資信託」の価格をも大きく下落させました。**なぜなら、前述したように、格付け会社がＡＡＡという最上級の格付けを与えていたサブプライムローンがインチキだったということが露呈し、これが、どの投資信託にどういう形で組み込まれているのかが誰もわからなかったからです。

世界中で**投資信託を買っていた人の多くが疑心暗鬼になり、つるべ落としに値を下げました。**

**「金」も、2008年3月に1オンス1000ドルを突破するという高値をつけましたが、リーマン・ショック後には一時1オンス700ドルを切りました。**

ただ、「金」の場合には、世界経済が不安定な中で「有事の金買い」で急激に買い戻されて値を上げ、2010年には2倍の1400ドルになっています。単に、「金」が強かったという見方もできますが、**日本では「金」の現物は為替に左右されやすく、売買手数料が高すぎるのであまり投資向きではない**かもしれません。

## 分散投資のリスク③ 預金者が大金持ちになることも！

こうして見ると、どんな金融商品に分散投資をしても、世界的な危機が来たら対応できないことがわかります。これは、リーマン・ショックだけでなく、その前の１９９７年に起きた**アジア通貨危機**でも同じでした。

以前、１９９７年のアジア通貨危機で経済破綻した韓国を取材しました。

**韓国は、破綻と同時に急激なウォン安に見舞われ、破綻前には13％だった住宅ローン金利が27％まで上がりました。**しかも、住宅ローンのほとんどが変動金利だったので、金利の急上昇でローンを支払えない人が続出しました。

ローンの支払いを滞納した人に対しては延滞金利が発生しますが、なんとこの金利が60％とバカ高く、**ローンを支払えず家を手放す人が続出したために、住宅価格は３割近く急落しました。**

**企業の半数が経営破綻したので、こうした企業の株を買っていた人は、株券が紙切れ同然になりました。**かろうじて踏ん張って残った企業も株価は下がり、アジア通貨危機の直前には700ポイント台だった韓国総合株価指数は、つるべ落としに300ポイント台まで下がりました。

つまり、急激な経済破綻で、不動産も株も下落したということです。

こうした中で**最もラッキーだったのは、意外なことに投資をせずに預金をしていた人**でした。どういうことかというと、金利の上昇で、**定期預金の金利がいきなり31％まで高騰**したのです。

そのまま預金し続けても高い金利が得られて儲かりましたが、預けたお金を銀行から引き出して、暴落した株や土地を安値で買った人たちは、さらに大儲けしました。

ちなみに、1998年に300ポイント前後まで下がった韓国総合株価指数は、2000年には1000ポイントまで回復し、2008年5月には1900ポイントをつけました。つまり、1997年に**韓国が経済破綻したあとにまんべんなく韓国の株を買った人は、持っている株が2年で約3倍、10年で6倍になった**ということです。

分散投資のリスク④

## 売買の「タイミング」はプロでも察知できない

インフレになると、お金の価値は下がる一方だと言われます。そのため、借金そのものの価値も下がると言われますが、インフレになると金利も上がります。

つまり借金も雪だるま式に膨らみ、家計も企業も大打撃を受けてしまうのです。

また、現金を持っていても価値が下がる一方なので、株や土地を買ったほうがいいという意見もあります。しかし、韓国での事例の通り、変動金利で住宅ローンを組んでいる人は住宅ローンが返せなくなり、土地が売られて価格が下落します。

それに経営破綻を起こす企業が増えるため、株価も下がるでしょう。

こうしたことを考えると、個人的には起こりえないことだと思いますが、日銀の政策目標が達成されて緩やかなインフレになるにしろ、逆に国が財政破綻してハイパーインフレになるにしろ、**借金までしてあわてて株や不動産などを買うことはない**ということです。

ただ、**こうした状況でも、素人よりはプロのほうが素早く逃げることができます。**

プロは、預かっているお金は自分のお金ではないので、損額を最小限にするためにさっさと売って現金などに換えてしまいますが、素人は、持っている投資商品の価格がズルズルと下がっていても、**自分が汗水流して稼いだ大切な虎の子なので、損を覚悟で売るという決断がなかなかできない。**

そのうちに、売るに売れない状況になってしまうケースがとても多いのです。

つまり、プロは、変化を予知したら、カゴの中の卵をいち早くゆで卵にして割れてもいいようにできるノウハウがあるけれど、素人は、あっちこっちのカゴで割れていく卵を見ながら、オロオロするだけということです。

こう考えると、投資では「分散」よりも「タイミング」を素早く察知することのほうが大切だという気がします。

だとすれば、毎日株価ボードを眺め続けているプロでさえ異変が察知できずに負けるのに、それ以上に日々忙しく働いている素人が「投資」で勝てるとはまったく思えません。

## 長期投資のリスク①
## 10年先は予想できない

**初心者は、短期の売買を繰り返すのではなく、じっくりと長く持っていることで利益を出す「長期投資」のほうが、リスクが少ないと勧められます。**

これまでは世界の経済が右肩上がりに成長してきたため、結果的に「長期投資」をすれば儲かってきました。

でも、これから先もそうでしょうか？

1ヶ月後の自分と、10年後の自分を想像してみてください。

たぶん、1ヶ月後に自分がどうなっているのかは想像しやすいですが、10年後となると、その間に様々な変化があることが予想されるために、なかなか想像しにくいのではないでしょうか。1ヶ月先ならぼんやりわかるけれど、10年先は予想できない。

投資も同じで、1ヶ月先は、ある程度予測できますから、よほどのことがなければ金利が急騰したり、為替が急激に円高になったり、株価が暴落したりということはまず起こりません。

しかし10年先となると、そうしたことが起きる可能性は大きくなります。

また、1ヶ月先なら、何らかの兆候が見えるケースもあるので対策も打ちやすいですが、**10年後となると、何が起きるか全く予想できません。**

金利は、短期の金利よりも、長期になればなるほど高くなるのが普通ですが、これは、**短期よりも長期のほうが先を読みにくく、リスクが大きい**のでそれが織り込まれるからです。

もう１つ、覚えておかなくてはいけないのは、**投資信託などを運用しているファンドマネージャーは、決して長期で物事を考えていない**ということです。

ファンドマネージャーのほとんどは、３ヶ月で成果を出すことを求められています。長くても６ヶ月ですが、通常は３ヶ月ごとにファンドの運用結果が評価され、外資系などではその結果が悪ければクビになります。

そんな、短期決戦の場で投資信託の運用をしているファンドマネージャーが、10年も20年も先のことを考えているはずがありません。

## 長期投資のリスク② 「いつか上がるだろう」の根拠はない

では、なぜ相手が素人と見るや金融機関は「長期投資」を勧めるのか。

それは、**長期投資というのは、売る側にとって都合がいい**からでしょう。

例えば、買った投資信託が値下がりして客が怒鳴り込んできたら、「まあまあお客様、落ち着いて。これは、長期投資の商品ですから、そんな目先の上がり下がりで一喜一憂なさらなくても、長い目で見ましょう」と言い逃れてお客を帰すことができます。客のほうも「**これは、長期投資ですよ」と言われたら、なんとなく目先のことで文句を言うのはみっともないと思って納得する。**

けれど、「短期投資」だろうが「長期投資」だろうが、ダメなものはダメ。それは、東京電力、東芝、神戸製鋼といった日本を代表する企業の株価を見ればわかります。

多くの人は、「寄らば大樹の陰」という考え方があるので、「長期投資」の投資先として、こうした大企業を思い浮かべるのではないでしょうか。けれど、いまやこうした企業が、「長期投資」に適した企業なのかどうかは疑問です。

世の中は、日々、変化しています。特に、その変化は年々激しくなってきています。

そんな中で、**「長期投資」などという言葉にだまされて、根拠もなくいつかは上がるだ**

**ろうと思いながら、上がりそうもない投資商品をいつまでも持っているというのは愚の骨頂**ではないでしょうか。

## 積立投資のリスク① 「ｉＤｅＣｏ」は60歳にならないと引き出せない

最後に、**みなさんがだまされやすいのが「積立投資」**。毎月コツコツと地道に積み立てて投資すれば、大きくなって戻ってくるという幻想を振りまいている投資商品です。

例えば、今、国を挙げて加入を奨励しているものが「**ｉＤｅＣｏ（イデコ）**」。

２０１７年1月、それまでは会社に制度がある人しか加入できなかった「企業型確定拠出年金」に、新しく個人向けの「個人向け確定拠出年金」が登場しました。これを通称「ｉＤｅＣｏ」といいます。

**「ｉＤｅＣｏ」の最大のメリットは節税しながら年金を貯められること。**

毎月の掛け金は全額所得控除になり、「所得税」と「住民税」が軽減されます。

また、運用中の利益も非課税で、年金として受け取る時は、一定額まで退職控除（一時金で受け取る場合）か公的年金控除（年金として受け取る場合）が適用されます。つまり税金がかからない。普通に株や投資信託で運用していたのでは税金控除にはならないので、その分がおトクというわけです。

様々な節税ができる制度なので、積極的に活用しなさいと言わんばかりに、国が大キャンペーンを行っています。

けれど、ちょっと待ってください。

例えば、**税金を納めていない専業主婦が「iDeCo」に入っても、そもそも節税すべき所得税を支払っていないのですから、おトクとは言えない**でしょう。

また、自営業者で儲かっている人なら、節税面では確かにおトク、しかし、この「**iDeCo」の最大のネックは、満60歳まで引き出せない**ということです。

自営業者の場合、会社員や公務員と違って、必ずしも生活が安定しているわけではありません。収入が一定ではないので、今は儲かっているかもしれないけれど、もしかしたら5年先、10年先には資金繰りで頭を抱えているかもしれない。

仮に、「ｉＤｅＣｏ」に３００万円積み立ててあり、今そのお金が手元にあったら会社を倒産させなくてもいい、という時でも、そのお金は満60歳にならないと引き出すことができないのです。だとすれば、同じように積み立てた額が全額所得控除になる**「小規模企業共済」**のほうがいいでしょう。

**「小規模企業共済」は、退職金のない自営業者が、事業を辞めた時にまとまったお金を退職金のかわりにもらうために積み立てていく制度**ですが、こちらは**「融資制度」がある**ので、積み立て途中でお金が必要になっても低利融資が受けられる**からです。

積立投資のリスク②

## コツコツ手数料を支払い続ける愚かさ

「積立」という言葉から、多くの方は「積立預金」を連想するのではないかと思います。１万円を毎月コツコツ積み立てていくと、１年で12万円、10年で１２０万円になるというイメージです。

けれど、「投資」の場合、そのイメージは、間違っています。

なぜなら、「積立」といっても、**投資での積立は、リスクがある投資商品で積み立てていくもの**だからです。

もちろん、「ｉＤｅＣｏ」には、定期預金もあります。けれど、銀行の定期預金は、今は利息が少ないのであまり増えませんが、少なくとも預ける手数料はかかりません。

ただ、「ｉＤｅＣｏ」は口座を開設する時に最低でも２７７７円、運用期間中は毎月１６７円（年に２００４円）の維持管理料を支払わなくてはならない。これはデメリットでしかありません。**「ｉＤｅＣｏ」でこれだけの手数料を支払って、ほとんど金利がつかない積立定期預金をやるバカな人はまずいない**でしょう。

「ｉＤｅＣｏ」は投資ですから、状況次第では増えるかもしれませんが、減ることもあります。それだけでもリスクなのに、リーマン・ショック級の株価の下落などがあっても、満60歳になっていなければ、引き出すことができないのです。そんな時こそ体力のない自営業者には現金が必要なはずなのに、それが引き出せないなんて！

結局は、**専業主婦や自営業者のことを考えた金融商品というよりは、いったん加入したら60歳まで現金の払い出しのリスクがなく、しかもコツコツ手数料を支払ってもらえる、金融機関に有利な制度**という気がします。

**積立投資のリスク③**

## 「つみたてＮＩＳＡ」は投資としての自由度がない

政府が強く後押しをするもう１つの「積立投資」が、２０１８年１月からスタートした**「つみたてＮＩＳＡ」**です。

「ＮＩＳＡ」というのは、少額投資非課税制度のことで、この「ＮＩＳＡ」で積立をしていくというもの。

ちなみに、「ＮＩＳＡ」という名前をよく聞くので、「ＮＩＳＡ」という金融商品があるのかと勘違いする人も多いのですが、これは「**ＮＩＳＡ口座**」**という口座で少額の投資を行うための非課税制度です。**銀行や証券会社で株や投資信託など値動きのある投資**商品をこの口座で買うと、そこで得た利益は「非課税」になります。**

「つみたてＮＩＳＡ」は、利益にかかる税金が非課税というところは「ＮＩＳＡ」と同じですが、違うところは、投資の上限額が年間40万円で、最大20年間非課税で運用できる点。投資対象商品は金融庁が定めた基準を満たす投資信託とＥＴＦ（上場投資信託）のみ。積み立てなので途中で別の投資信託に切り替えることができず、切り替えたければ一度売却する必要があります。

こう聞いても、いいのか悪いのかわからないという人のために、前述の説明を違う角度から言い換えると、善し悪しがわかりやすくなると思います。

まず、**投資する額には制限があり、商品ラインナップは限られています。**さらに、**最初に決めた商品で、最後までずっと積み立てていかなければなりません。**

もし途中で「これはダメなので、違うものにしたい」と思ったら、今あるものを売って、欲しいものを新しく買わなくてはなりません。

加えて、「NISA」もそうですが、**普通の証券口座なら損したものと儲かったものの損益通算して課税部分を減らしたり、損を翌年に繰り越すことができますが、「つみたてNISA」では、それはできません。**

つまり、投資商品としての自由度がないのに、損をした場合には、誰も責任を取ってくれないということです。

## 積立投資のリスク④
## 「ドルコスト平均法」は本当に賢い買い方か？

投資で「積立」を勧めるほとんどの専門家が、積立なら安全性が高いという根拠として使うのが、**「ドルコスト平均法」**という用語。

「ドルコスト平均法」とは**外貨商品や投資信託など値動きのある商品を毎月同日に、同額を、長期間にわたって一定額ずつ買っていくことで、価格変動リスクを分散する投資手法**と言われています。

投資額が一定であるため、金額が高いときには少ししか買えず、安いときにはたくさん買えるので平均購入金額が安定すると説明され、「iDeCo」や「つみたてNISA」にも使われています。**毎月決まった日に決まった金額で一定の投資商品を買っていくので、投資の素人向きの安全性の高い投資方法**だと勧められます。

例えば手元に3万円あって、毎月1万円ずつドルを買うとしましょう。買うのは毎月1日として、1ヶ月目は1ドル100円だったので、100ドル買えました。2ヶ月目は1ドル95円だったので約105ドル買えました。3ヶ月目は1ドル105円だったので95ドル買えました。トータルすると、3万円で300ドル買えたことになります。平均購入単価は1ドル100円。

**これを長期に続けていけば、平均的なコストで安定的にドルを買うことができるというのです。**

けれども、よく考えてみてください。どうしてこんな方法が、投資として優れている

■4-01　ドルコスト平均法のデメリット

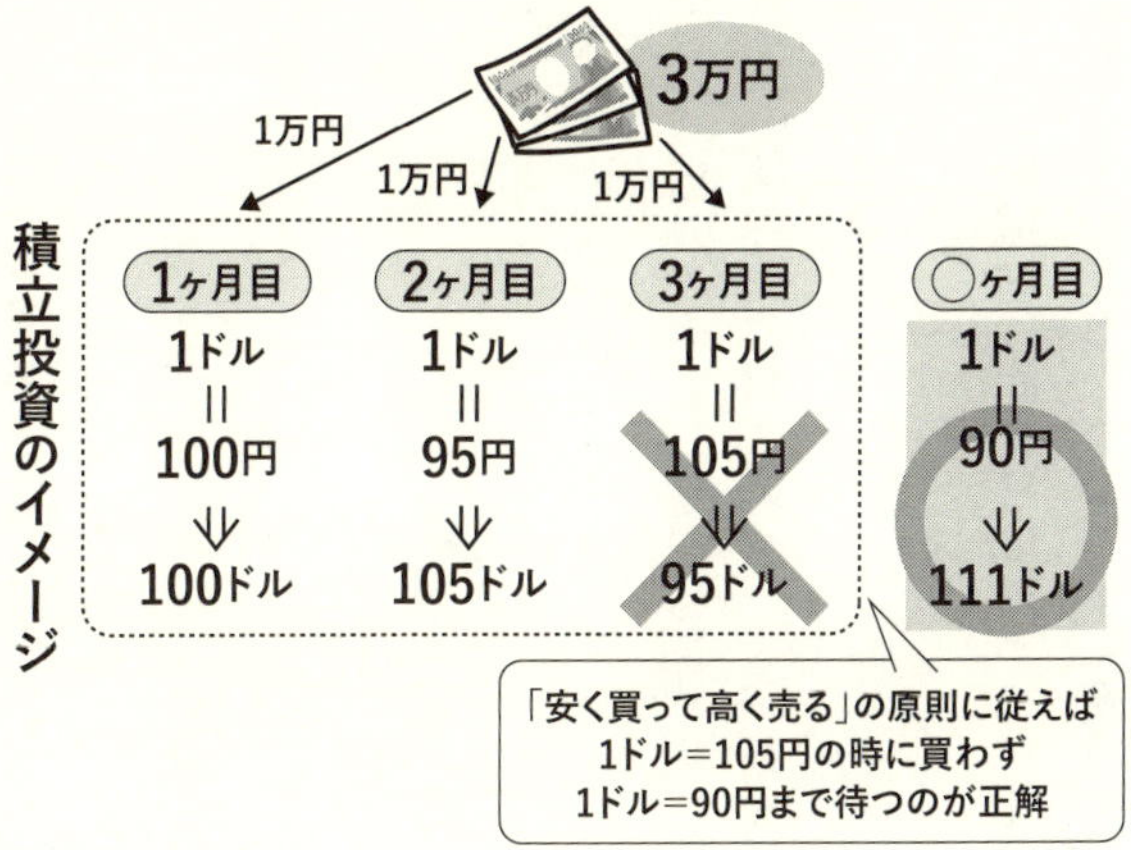


と言えるのでしょうか。

**投資で儲けるための基本は、安い時に買って、高くなったら売る。**

配当や分配金狙いなどということもありますが、基本は、「安く買って高く売る」が原則です。

もし3万円あるなら、1ドル100円の時に100ドル買い、2ヶ月目に1ドル95円だったら約105ドル買い、3ヶ月目は1ドル105円と高いので買うのをやめ、1ドル90円になるのを待ってまた買う。

そうすると、トータルすれば3万円で約316ドルに買えますから、平均購入単価は1ドル約95円ということになります。

つまり、**「ドルコスト平均法」で毎月同じ日に、同じ額だけ買うなどというバカげた買い方はせず、上がったら買わない、下がったら買うというルールにしたほうがずっと儲かる**という話です。

## 積立投資のリスク⑤
## 積立投資は売る側にメリットのある仕組み

では、なぜこんなバカげた「ドルコスト平均法」などという投資手法が、金科玉条《きんかぎょくじょう》のようにもてはやされ、金融機関に素人が来ると必ず説明するのか。

その理由は、売る側にメリットがあるからでしょう。その具体的なメリットは、次の3つが考えられます。

**(1)毎月、機械的に同じ日に買っていくので、取り扱いの手間がかからない**
**(2)長期間、毎月コンスタントに買うので、長期的に一定の手数料収入が見込める**

■4-02　ドル円相場長期チャート：1971年以降

各種資料をもとに作成

### ⑶長い目で見ると、コンスタントな購入ができると説明すれば、少し損が出ていてもうまく客を丸め込める

そもそも、「長い目で見たら、投資商品でも価格が標準化する」と言いますが、円とドルの相場を例に、本当に標準化するか見てみましょう。

上の図表は、１９７１年１月から２０１８年に至るまでのドルと円の相場です。50年近くドルを買い続けた人がいるとしましょう。

グラフを見てもわかるように、この人はほとんど右肩下がりの相場の中でドルを買っているので、**標準化どころか、50年間ずっと買い続けて膨大な手数料を金融機関に支払っているにもかかわらず、ずっと損をし続けている**ということになります。

投資には、絶対ということはありません。だとしたら、売る側の口車に乗せられず、投資商品は**「安い時に買って、値上がりしたら売る」というセオリーに従ったほうが、後悔が残らない**のではないでしょうか。

日本人は、「積立」とか「コツコツ」という言葉に弱いようです。なぜなら、積立預金のイメージがあって、一歩一歩だけれど確実に増えていくというのが嬉しいからでしょう。

しかも、金融機関だけでなく国を挙げて「今投資をしなければ、明るい未来は望めない」と言うのですから、「積立＝堅実」と「投資＝増える」というイメージが重なって、資産が増えていく感じがするのでしょう。

けれど、**積立であろうが、一括であろうが、投資は投資。**せっかく積み立ててきたものが、ある日、半額になってしまうことだってあるのです。

それは、投資経験が豊富な人なら実感でわかっていることですが、ほとんどの人はこれまで投資など考えずに、一生懸命に汗水流して働いて稼いだものをコツコツ積み立ててきただけです。しかも、「積立＝堅実、安心」のイメージを持っているので、「積立なら、リスクは少ないですよ」と言われたら、そう思ってしまうのです。

けれど、**こと投資に限っては、私たち日本人はそろそろその巧みなレトリックに気づいたほうがいい**でしょう。

**ポイント**

**分散・長期・積立という言葉から、「堅実、安心」というイメージを抱きがち。しかし、実態は、私たち消費者ではなく金融機関の都合でつくられた商品であることを忘れずに。**

悪化する
金融環境

# 今は、「投資をしない」選択がベスト

## 消費者金融と表裏一体化した銀行の惨状

本章の冒頭で、銀行の窓口で投資信託を買っている人の46％が損をしていると書きましたが、銀行で損をしているのは、投資信託を買っている人たちだけではありません。

**銀行の「カードローン」が原因で自己破産している人も多数います。**

最高裁がまとめた、2017年の個人の自己破産申立件数は、前年比で6・4％増の6万8791件と2年連続で増加中。しかも、**前の年よりも自己破産のペースが早まっている**とのことでした。

自己破産申立件数は、企業倒産による失業の増大やリストラ、給与カットの横行で、2003年にピークを迎えましたが、その後は減少していました。

ところがここにきてグングンと伸び始めたのは、**背景に銀行の過剰な貸付**があります。

「カードローン破産」と言えば、以前は「サラ金」と呼ばれていた消費者金融が、過剰な融資と過酷な取り立てをしたことで貸金業法が改正された経緯があります。**その後、消費者金融は社会的な制裁を受けて、カードローンの表舞台から姿を消しました。代わって登場してきたのが銀行でした。**

そして、今や日本の銀行は、消費者金融と表裏一体になっています。

銀行でカードローンを借りる時に、多くの人は銀行が審査して貸出を行うと思っています。なぜなら、すべての手続きを、銀行で銀行員が行うからです。

しかし、**実際にカードローンの審査をしている保証会社の多くは、銀行ではなく消費**

**者金融**です。なぜなら、銀行には、消費者金融のような、無担保、無保証人でも貸し出せるノウハウがないからです。

そのため銀行は、カードローンの審査を消費者金融にさせ、借りている人が支払いできなくなった時のために消費者金融を保証会社として、銀行が損をしないようにしています。

**しかも、消費者金融の多くは、銀行のグループ会社になっています。**

例えばアコムは三菱UFJフィナンシャルグループの傘下で、三菱UFJ銀行のカードローン会社のバンクイックの保証会社となっていますし、プロミスは三井住友フィナンシャルグループのSMBCコンシューマーファイナンスとして三井住友銀行グループに入っています。

系列にこうした消費者金融を持っていない銀行も、保証会社としては民間の消費者金融と提携しています。

ですから、みなさんは銀行からお金を借りたつもりでいても、返せなくなったら、保証会社となっている消費者金融から取り立てが来ます。

## 「清廉」とはかけ離れたスルガ銀行の不正融資

銀行と消費者金融が表裏一体になって商売をしているケースがカードローンでは普通になっているだけでなく、なかには、銀行の融資が、かつて「サラ金」と呼ばれていた頃の消費者金融そっくりになってしまっているところも出てきました。

「数字ができないなら、ビルから飛び降りろ」と部下の銀行員に罵声《ばせい》を浴びせ、ものを投げつけながら「お前の家族皆殺しにしてやる」と恫喝《どうかつ》する。挙げ句の果てに、「死んでも頑張ります」と言う銀行員に対して、ゴミ箱を蹴り上げて「それなら死んでみろ」と吐き棄てる支店長。

これは、2018年9月に公開された**スルガ銀行不正融資の第三者委員会の調査報告書の中に、実際に書かれていたこと**です。

多くの人に甘い儲け話で投資をさせ、結局は破綻して自殺者まで出したシェアハウス「かぼちゃの馬車」。**この事件の不正融資に、銀行が直接手を染めていました。**

「銀行法」ではその第1章第1条で、「業務の公共性にかんがみ、信用を維持」することを銀行に義務付けています。

ところが、スルガ銀行の「かぼちゃの馬車」への融資では、**銀行員が直接的に給与明細書や預金残高を改ざんしてまで多額の貸し込みをしていました。**

窓口で、投資信託を買いに来た客に平気で損をさせる、過剰なカードローンの貸し込みで客を自己破産させる、挙げ句の果てにデータを改ざんした違法な融資で、自殺者まで出してしまう。

私たちが信じていた、礼儀正しく、ちょっと頭は固いけれどそれが信頼感につながっていた清廉な銀行員は、いったいどこに行ってしまったのでしょうか。

## 日銀に首を絞められ、運用先を失った銀行

今、**銀行の収益が、急速に悪化**しています。

30年3月末決算を見ると、多くの企業が好決算を発表する中、銀行、**中でも地方銀行の決算は、惨憺《さんたん》たる状況**になっています。

2016年には1兆2000億円あった上場している地方銀行80行の最終利益は、2018年には約2割減の9824億円となり、2019年も同様に1兆円を割り込む見通しで、多くの企業が好決算を出している中で、ここだけは不況が蔓延《まんえん》しているといった状況です。

こうしたなか、少しでも収益を上げようと、手数料商売として「うま味」がある投資商品の販売や、低金利下でも高い金利が稼げるカードローン、アパートローン、シェア

ハウスのローンの貸付に走り、中には、スルガ銀行のように犯罪まがいのことに手を染める銀行も出てきています。

その**背景にあるのは、日銀の黒田東彦《くろだはるひこ》総裁が続ける、泥沼状態の「異次元の金融緩和」**です。

２０１３年４月に、「2年で物価上昇を2％にする」と大胆な金融緩和をスタートした黒田日銀総裁ですが、実態は5年で1％に届くのがやっとという惨状。年間80兆円の国債を銀行から買い取って80兆円の資金を銀行に流すという政策ですが、そんな大金を流されても、銀行は、このお金を以下の理由で貸し出す先がないのです。

・**企業はアベノミクスで１５０兆円以上内部留保が増えているので、銀行からお金を借りる必要がない**

・**個人も収入が増えていないので借金しない**（しかも、超低金利政策の中で、貸し出しても銀行は利ざやが稼げない）

・貸出できないのでお金をマーケットで運用しようと思っても、**公的資金が支える歪《ゆが》んだ株式相場はいつ暴落するかわからない**

**・債券市場も、脳死寸前で安心して運用できない**

こうした事情で、しかたないので、日銀内の当座預金口座に預けようとしたら、「これ以上預けてはダメ！」とばかりに、２０１６年2月に「マイナス金利政策」発動。

当時、日銀の当座預金口座には２６０兆円ほどの預け入れがあり、「マイナス金利政策」発動後に預けた預金は金利がマイナスになるのですから、当然ながら残高はそれ以上増えないと思われました。

ところが、２０１８年12月14日現在の日銀当座預金残高を見ると、**約３８２兆円と、なんと驚いたことに約１２０兆円も預け入れ額が増えている**のです！

今、多くの**銀行は、資金の運用先がないので、わざわざ手数料を支払って、みなさんから預かったお金を日本銀行に預けています。**つまり、逆ざやの状況が続いていても、他に運用できるところがないので利益減もやむなしという状況です。

## 地方銀行は、まるで太平洋戦争で戦死した兵士

今の銀行は、先の大戦にたとえて言うなら、威勢よく真珠湾を攻撃したのはいいけれど、後先考えない戦争に突入した日本の軍隊と同じです。

兵士には食料も弾薬もゆき届かず、餓死者が続出している状況。けれど**上官である日銀は負けを認めず、無謀な作戦を続ける。**太平洋戦争で死んだ兵士の6割は餓死と疫病でしたが、これとそっくりな状況に今の銀行は置かれていると言わざるを得ません。

食料も弾薬もないので、違法と知りつつも自力で生き残るために、みなさんをカモにしてでも稼がなくてはならない。**特に、国際的な資金運用の手段もない地方銀行は、飢餓で倒れる寸前という状態にあります。**

**追い詰められた銀行が、生き残りのために狙っているのが、みなさんの大切な貯金や退職金などの虎の子。**これを投資に誘い込むことで、手数料を稼ぎたい。

２０１７年９月に、日銀に追い詰められた銀行が、みなさんを投資でカモにしている実態と、あまりにひどい投資商品の実態を『投資なんか、おやめなさい』（新潮新書）で警告しましたが、**状況は、この1年余りでさらにエスカレート**しています。

こうした状況が続く限り、よほど金融知識が豊富で、損も受け入れられ、金融機関と対等に渡り合っていける人でない限りは、投資などしないほうがいいでしょう。

## 「投資をしないと老後資金が足りなくなる」は嘘！

金融商品のような、値段が上下するものを使って資産を増やす時には、**安く買って高く売るタイミングが何よりも大切**です。

ところが、素人にはそのタイミングがわからない。

四六時中、株価ボードとにらめっこをしている時間があれば別ですが、仕事が忙しくてそんな時間もない。そのため、**ついつい銀行や郵便局の窓口で勧められるままに投資商品を買ってしまう。**一方で、国や金融機関、専門家も強力に「ｉＤｅＣｏ」と「ＮＩＳＡ」を勧めてくる。

これが投資で失敗する人のパターンです。

声を大にして言えば、**「投資をしないと老後資金が足りなくなる」なんてことは決してありません。**

投資というのは、経済が安定していて景気が上り調子の時にするものです。

今は、世界の政治にも経済にも暗雲が垂れ込めてきていて、不安要因がたくさんある状況。世界の景気のけん引役だった中国経済にも陰りが見え始め、共和党のトランプ大統領率いるアメリカも、２０１８年の中間選挙では民主党が下院で勝利を収めています。

このような、**世の中がどう転ぶのかわからない状況の中では、投資などしなくてもい**

**いでしょう。**

## それでも投資がしたいなら、〝株〟を1つ買ってみる

それでも本気で投資をしたいと思うのなら、**怪しい投資セミナーなどに出かけるよりも、何でもいいから自分が興味の持てる〝株〟を１つ買ってみる**といいでしょう。

例えば、１００万円くらいの株を買うとします。株ですから、毎日上がったり下がったりします。

上がった時はみんな嬉しいでしょうが、問題は下がった時。

仮に、１００万円で買った株が、50万円になってしまったとしましょう。その時に、**「50万円も損をしてしまった」と頭を抱えて寝込む人は、もう一生涯、投資などしないほうがいい**でしょう。

けれど、その時「安くなったから、同じ株をもう１００万円出して買おう」と思える

人は、ピンチをチャンスに変えられるかもしれない投資向きの人です。

投資に対する向き、不向きということは、投資セミナーでは教えてくれません。なぜなら、**金融機関が無料で投資セミナーを開くのは、不向きであろうが何であろうが、来た人を投資に誘い込みたいから**です。

そんなところに出かけていくのは、カモがネギを背負って鍋に飛び込むようなもの。

投資に興味があるなら、すべて**自分で判断しなくてはならないインターネット取引で、最初から株式投資用の口座の額を決めてやる**こと。口座にお金がなくなったら、投資もやめることができます。

## マンション購入は東京オリンピック後まで我慢

「今あるお金を、どう運用すればいいのかわからない」という方は、ひとまず銀行に預けておきましょう。

銀行の窓口で投資信託を買うのはダメですが、**銀行は、あなたの資産をタダで預かってくれる金庫**です。金利はつきませんが、デフレの間は現金の価値が上がっているので、目減りさせないようにしっかり預けておけばいいのです。

**もし、マンションや持ち家の購入を検討されているのなら、２０２０年まで待ちましょう。東京オリンピックが終われば不況になり、住宅価格も下がると予想されます。**その時、買えばいいのです。

**ポイント**

**銀行の収益悪化、過剰買付により、あなたの資産はますます狙い撃ちされる。先行きが見えない社会環境で投資は命取りになる。**

# 第5章

# 膨らむ介護・医療費のお悩み解決法

――転ばぬ先の「貯金」のすすめ

介護費のリアル

# 介護のお金は、どれくらいかかるか？

老後のことを考えると、誰もが不安になるのが介護費用でしょう。介護を経験したことがない人にとっては、どれくらいかかるのか予想もできないからです。人から聞かされる様々な話からも、多額の介護費がかかると思っている人が多いようです。

しかし、それは勘違い。正しい情報に基づき、しっかり貯金をしていれば、年金だけでも十分対応できます。その理由をこれから示していきたいと思います。

## 介護にかかる費用は、あなたが想像するより低い

生命保険文化センターが、介護の費用がどれくらいかかると予想されるかというアンケート（２０１５年度）を行っています。

この結果を見ると、驚いたことに**１人あたり平均３３０８万円。つまり、２人だと６０００万円くらいはかかると思っている人が多い**ということ。こんな数字を見れば、思わず老後が不安になってしまうでしょう。

けれども、恐れることはありません。

同じアンケートで、**実際にかかった費用がどれくらいだったのか、介護を経験した人に聞いています。それを見ると、１人平均で約５４７万円。**つまり、２人とも介護が必要になっても、平均すると２人合わせて１１００万円ほどしか、かからないそうです。

これから介護が必要になるかもしれないという人は２人で約６０００万円と見積もっており、すでに介護を経験している人は約１１００万円しか使わなかった――、**ここまで差があるのは、どういうことなのでしょうか。**

長い間、私にとってこれは疑問だったことの１つですが、ある日、女優の小山明子さんとお話しする機会がありました。その時、「大島（夫の故大島渚《なぎさ》監督）の介護には、本当にお金がかかった」という話を聞き、「そうか」と思いました。

大島渚監督が脳出血のためにロンドン・ヒースロー空港で倒れたのは、1996年。以降、小山さんは献身的に大島監督の介護をしてきたことは多くの人の知るところです。**大島監督が倒れた1996年当時は、まだ介護保険制度がありませんでした。**

ですから、介護にかかる費用は全額自己負担。なので、介護費が相当の額になったことは容易に想像できます。

その後、**日本で介護保険制度ができ、2000年4月1日から運用がスタートしています。**介護保険制度は、介護を必要とする家庭の負担を軽減しました。

例えば要介護5の寝たきりの方が36万円の介護サービスを受けたとしても、介護保険を使えば、普通の収入なら1割の3万6000円の自己負担ですみます。

それまでは、1年間、月36万円のサービスを受け続けたとしたら年間432万円、7年間寝込んだとしたら約3000万円になりました。

## ■5-01　高額介護サービス費の自己負担上限額について（月額）

| 利用者負担段階区分 | 世帯の上限額 | 個人の上限額 |
|---|---|---|
| 生活保護の受給者等 | 15,000円 | 15,000円 |
| 世帯全員が住民税非課税で、本人が老齢福祉年金の受給者の場合 | 24,600円 | 15,000円 |
| 世帯全員が住民税非課税で、本人の合計所得金額と課税年金収入額の合計が80万円以下の方 | 24,600円 | 15,000円 |
| 世帯全員が住民税非課税で、本人の合計所得金額と課税年金収入額の合計が80万円を超える方 | 24,600円 | 24,600円 |
| 住民税課税世帯の方 | 44,400円（※2） | 44,400円 |
| 現役並み所得者に相当する方及びその世帯員（※1） | 44,400円 | 44,400円 |

※1 現役並み所得者とは65歳以上で課税所得が145万円以上の方です。
課税所得とは、収入から公的年金等控除、必要経費、給与所得控除等の地方税法上の控除金額を差し引いた後の額をいいます。

※2 1割負担の被保険者のみ世帯については、2020年7月までの時限措置として年間446, 400円（37, 200円×12月）の年間上限額が設定されます。8月から翌年7月までの1年間で負担額が超えた場合、高額サービス費が支給されます。

厚生労働省のHP等をもとに作成

けれども、**1割負担で月3万6000円の自己負担なら、1年間で43万2000円。7年間寝込んでも302万4000円しかかかりません。**

しかも、収入の低い人の自己負担はさらに安くなり、65歳以上の世帯で全員が市区町村税を課されていなければ、支払いの上限は月2万4600円。

さらに、前年の合計所得と公的年金を合わせて年間80万円以下の方（個人）なら、月1万5000円です。

実際に介護を経験した方は、こうした制度を使っているので、自己負担額が低いのでしょう。

## どんなサービスがあるのか、インターネットで情報収集できる

これまで、介護というものがあまりリアルではなかったけれど、親の介護が必要になって、情報収集を始めたという人は多くいらっしゃいます。

そうした方が情報を集める入り口としては、インターネットの介護情報検索サイトが役に立ちます。

例えば、厚生労働省が運営する**「介護事業所・生活関連情報検索」**には、介護保険法に基づく全25種類51のサービスが載っています(http://www.kaigokensaku.mhlw.go.jp/)。

また、事業所のリストがあり、自分が住んでいる地域から最寄りの施設が探せるだけでなく、その施設の評価なども書き込まれています。

さらに、介護施設だけでなく、病院や薬局、リハビリルーム、デイケアサービス、訪問介護をしてくれる会社、訪問看護をしてくれる会社、福祉用具の販売店、レンタル店なども探すことができます。

## まずは、介護のプロ「ケアマネ」に相談を

介護を経験したことのない人にとって、介護というのは、まるで見当がつかない、雲をつかむような話に思えるかもしれません。

なので、前述のように、介護にかかる費用についてアンケートされても、「１人３００万円くらい？」と勘違いしてしまうのかもしれません。

けれど、安心してください。**イザ、介護に直面した時には、介護のプロが道案内をしてくれます。**

介護については、自治体で介護認定を受けたら、**ケアマネジャー（介護支援専門員。**

■5-02　介護サービスがスタートするまでの過程

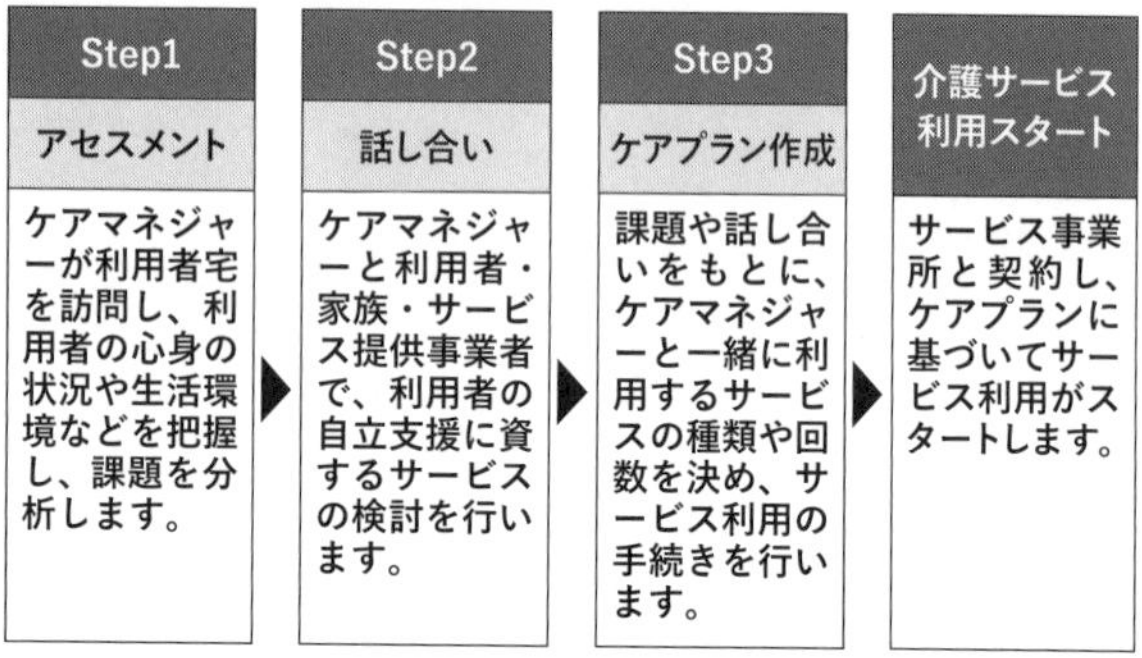
Step1
アセスメント
ケアマネジャーが利用者宅を訪問し、利用者の心身の状況や生活環境などを把握し、課題を分析します。
Step2
話し合い
ケアマネジャーと利用者・家族・サービス提供事業者で、利用者の自立支援に資するサービスの検討を行います。
Step3
ケアプラン作成
課題や話し合いをもとに、ケアマネジャーと一緒に利用するサービスの種類や回数を決め、サービス利用の手続きを行います。
介護サービス利用スタート
サービス事業所と契約し、ケアプランに基づいてサービス利用がスタートします。

※要支援の方のケアプランは地域包括支援センターが作成します。

厚生労働省「介護事業所・生活関連情報検索」をもとに作成

**以下、ケアマネ**）がケアプランを作成してくれて、かかるお金から施設の紹介まで、あらゆる相談にのってくれます。

ケアマネというのは、医療の国家資格等に基づく業務経験、相談援助業務経験が5年以上あり、さらにケアマネジャーの試験に合格した人でないとなれません。

そうなると、かなりお金がかかるのではと不安に思うかもしれませんが、ケアマネへの支払いは、すべて介護保険でまかなわれるので費用の心配はいりません。

ケアマネを探すには、住んでいる自治体の介護保険課や地域包括支援センターに行って相談してみましょう。

## 良い介護を受けるには、良いケアマネジャーを選ぶこと

**ケアマネは、介護を必要とする方の相談を受け、介護サービスの計画書（ケアプラン）を作成し、利用するデイサービス事業者等と連絡や調整をする介護の専門家**です。

ただ、どんな専門家でも、ベテランもいれば素人同然の人もいる。また、ベテランであっても、気が合う人、合わない人がいます。自分に合った良い介護を受けるためには、良いケアマネを選ぶことが大切です。

自治体の介護保険課や地域包括支援センターで紹介してもらった人は、良い人なのだけれどどうも自分には合わない、と思う場合もあるでしょう。

紹介されたからといって、ずっとその人が担当というわけではありません。途中でケアマネを変えてもらうことも可能です。

では、自分に合った良い介護を受けるために、どんなケアマネを選べばいいのでしょ

うか。**ケアマネ選びのポイント**を整理してみました。

**ケアマネ選びのポイント①　わからないことを納得できるまで聞けるか**

介護に関する知識がないと、「こんな幼稚な質問をしてもいいのかしら」と不安になり、ついつい相手の言うことだけを一方的に聞くだけ、ということになりがちです。

親切で経験豊富なケアマネだと、こうした状況を察知し、それとなく素人が質問しやすい雰囲気をつくってくれます。ケアマネにとっても、相手の置かれている状況を知る上で大切なことだからです。

また、**気楽に話せるケアマネのほうが、信頼関係を築きやすい**と思います。経験豊富であればそれに越したことはないですが、経験がそれほどなくても若いやる気のある方もいます。まずはこちらからいろいろと聞いてみましょう。

**ケアマネ選びのポイント②　クチコミの評判が良いか**

意外と大切なのが、クチコミ情報。評判の良い親切なケアマネに当たると、不安を持つことなく介護をスタートできるからです。普通の人だとそうでもないですが、**評判の良い人、悪い人は、噂が広まりやすい。**かかりつけの病院で医師や看護師さんから評判を聞くとか、ソーシャルワーカーの人、デイサービスを利用中のご近所の人、ヘルパーとして働く知人などにも、それとなく評判を聞いてみましょう。

**ケアマネ選びのポイント③　担当利用者数が多すぎないか**

評判の良いケアマネが担当につけば安心なのは確かです。しかし困ったことに、評判の良いケアマネはみんなが担当してもらいたいので、40人、50人と利用者を抱えていることもあります。そうなると、**あまりにも忙しくて、ひとりひとりのケアに関わる時間が短くなってしまう懸念があります。**まず、どれくらいの人数を担当しているのかを聞いて、あまりに多いようなら再考するようにしましょう。

**ケアマネ選びのポイント④　豊富な知識を持っているか**

ケアマネ資格を持っている人が、介護保険について詳しいのは当然です。けれど、介護してもらう場合には、**病状の進行に合わせたケアプランが必要になったり、地域で生活していく上で生活支援などをしてもらうボランティア団体の情報なども必要**になってきます。そういう知識も豊富かどうか、いろいろな質問してみましょう。

## ケアマネ選びのポイント⑤ 様々な事業所を紹介してくれるか

ケアマネには、デイサービス事業所や介護施設に所属していて、自分の所属先を紹介するという人が多くいます。ただ、利用者としては、自分にベストなデイサービス事業所や施設を紹介してもらいたい。だとすれば、**利用者の希望に沿った様々な選択肢を提供してくれる方を選びましょう。**利用者に合わせて介護事業者を紹介できるケアマネは、経験豊富でたくさんの施設を知っています。

## ケアマネ選びのポイント⑥ 気持ちに寄り添ってくれるか

良いケアマネほど利用者を多く抱え、多忙です。それでも、忙しい中で丁寧に家族の話を聞いてもらえたら、信頼感は深まります。また、**ケアマネには担当する方への守秘**

**義務がありますが、**こうしたことを最初にきちんと説明してくれるような方は信頼できるでしょう。

## ケアマネ選びのポイント⑦ 利用開始後も変更可能か

最初は良いと思っても、あとから問題が出てくるケースもあります。ケアプランの内容やサービスに不満があってもなかなか改善してくれなかったり、手配の仕方が力量不足だと感じたら、ケアマネを変えることもできます。

**ケアマネを変えたい場合は、自治体の窓口に相談してください。**

**ポイント**

**介護にかかる費用は、あなたがイメージしているよりもずっと安く抑えられる。自分に合った良い介護を受けるためには、良いケアマネを見つけ、いろいろと相談するとよい。**

医療費のリアル

# 老後の医療費は、どれくらいかかるか？

「介護費用」と並んで、老後に心配なのが「医療費」でしょう。

しかし、医療費については、**今の日本の医療制度が維持されれば、老後にそれほど多額の医療費を用意しておく必要はない**でしょう。

なぜなら日本の健康保険制度は非常に優れているからです。その内容を解説していきます。

## 再認識したい、「公的医療」のすごい力

日本には、世界に冠たる公的な「健康保険（国民健康保険を含む）」があります。国民

全員がこの「健康保険」に加入し、保険を維持するために保険料を支払っています。**年収４００万円なら、サラリーマンだと会社が半額負担してくれるので年間15万円くらい。自営業者だと30万円近く保険料を支払っています。**

しかし、これだけたくさんの保険料を支払っているのに、この保険の価値をよく知らないという人が意外に多いことに驚きます。

日本では、**健康保険証があれば、病院でかかった医療費の自己負担は、６歳（小学校入学時）から69歳までは３割。**６歳前（義務教育就学前）なら２割、70歳から74歳までは２割、75歳以上は１割（現役並みの所得者なら70歳以上でも負担は３割）です。

ただ、医療費が３割負担だからといって、入院して治療に月１００万円かかったら30万円負担するというわけではありません。

**「高額療養費制度」という、医療費の負担が上限額を超えたら、超えた額を払い戻してくれる制度**があるからです。

## 「高額療養費制度」の利用で、医療費の自己負担はかなり少なくなる

例えば、69歳以下で平均的な収入（年収約370万円から約770万円）の人が月100万円の治療を受けた場合、左ページの図表5－03のように、自己負担額は8万7430円。入院4ヶ月目からは、4万4400円に下がります。

つまり、**半年入院して月100万円の治療を受け続けても、本人の自己負担額は40万円程度で済む**ということです。ちなみに年収約370万円以下だと、自己負担は月5万7600円しかかかりません（4ヶ月目以降は4万4400円）。

さらに、高額療養費制度では、「**世帯合算**」ができます。**同じ健康保険に加入している家族なら、自己負担額を合算して高額療養費制度を使える**ということ。

例えば、80歳の一般的な収入のご夫婦が、入院でそれぞれ月100万円の治療を受け

■5-03　高額療養費制度を使えば、100万円かかる治療も自己負担は約9万円

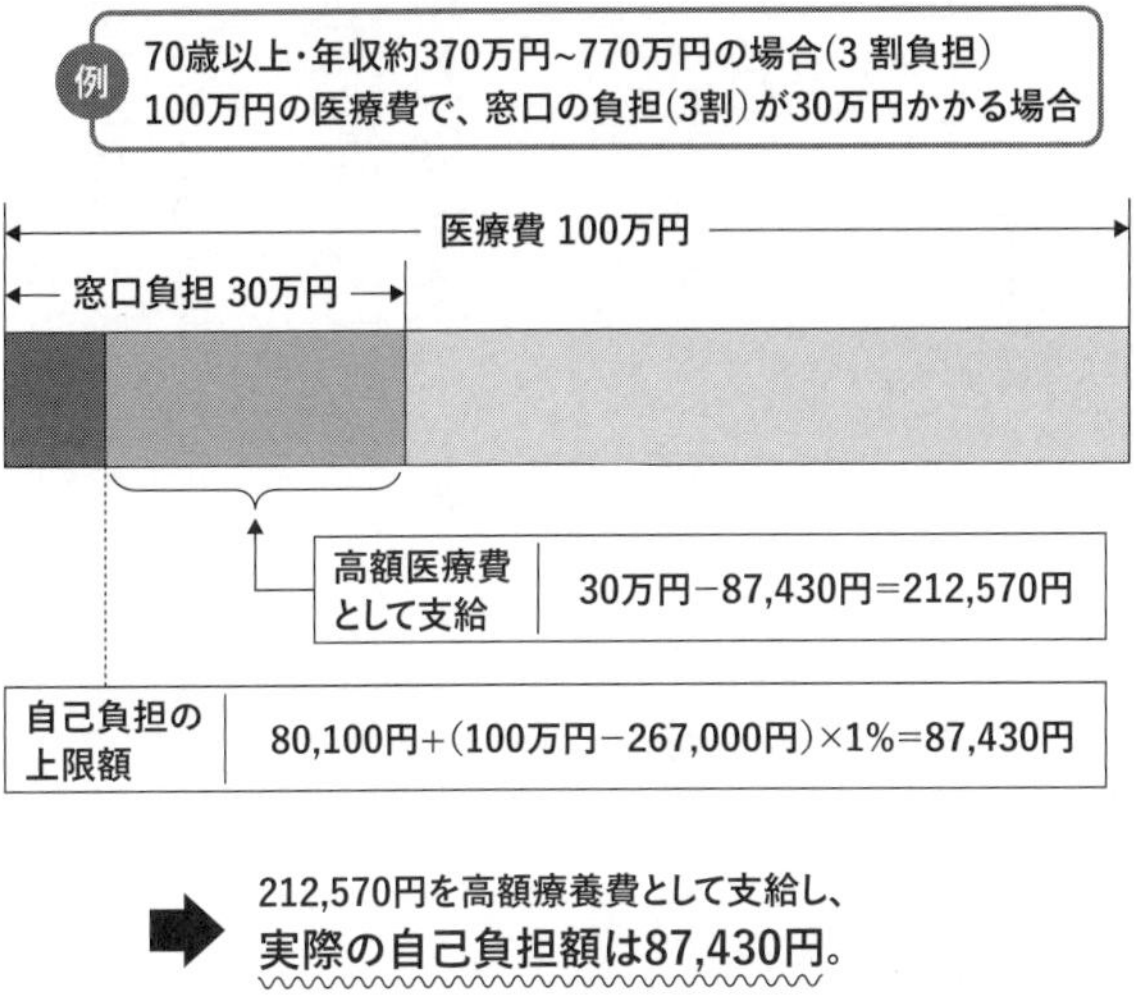


厚生労働省 HP をもとに作成

るとします。合計で月２００万円の医療費ですが、**高額療養費制度の世帯合算を使うと、自己負担は２人合わせて５万７６００円以上にはなりません。**

４ヶ月目からは４万４４００円となりさらに安くなるので、２人で６ヶ月間、月２００万円の治療を受けて**合計金額が１２００万円の治療を受けたとしても、自己負担額は総額約30万円。**

ちなみに、70歳以上で年収が80万円から約３７０万円までの方は、どんな高額な治療を受けても自己負担

は月2万4600円。同じ健康保険に入っていれば、世帯合算ができるので、2人分でも自己負担の上限金額は変わりません。

なお、この制度を利用するには、各健康保険に申請が必要です。

## 「先進医療」に頼らなくてもがんは治療できる

健康保険を使えば、自己負担額がぐんと減らせることをご理解いただけたと思います。

ところが、**健康保険適用外の「先進医療」**など、保険が効かない治療をしなくてはならない場合が心配なので、高齢になっても生命保険に入っているという人もいます。

たしかに、保険適用外の先進医療の費用は、全額、患者の自己負担になります。

しかし、**先進医療**というと、その言葉のイメージから、最先端の優れた医療と思われがちですが、そうではなく、**評価がまだ定まらない治療なので健康保険の対象にするの**

**は早すぎるという治療**なのです。ですから、一定の評価が固まれば先進医療も次々と健康保険の対象になっていきます。

例えば、**300万円もかかる前立腺がんなどの「重粒子線治療」**は、適用外も一部ありますが、2018年4月から保険適用になりました。また、**最先端の手術支援ロボット「ダヴィンチ」**も保険適用なので約9万円。**1回の投薬で130万円かかると言われるオプジーボ**も、一部治療で健康保険対象になっています。

「先進医療は高額な治療費がかかる」と思っている人も多いようですが、なかには**1万円に満たないピロリ菌除去代や歯科治療もあって、先進医療でも50万円程度という人が最も多いようです。**

そもそも、病気になったら先進医療を受けないと治らないかといえばそうではなく、**先進医療よりも保険適用の治療のほうが有効というケースはたくさんあります。**

現在、日本にはがん患者が100万人以上いますが、先進医療を使っている人はわずか1％程度です。

300万円もする重粒子線治療は年間で1万5000件（2016年5月時点）、とそれほど多くありません。

こうしたことを知っておけば、民間の保険に入って多額なお金を支払う必要はないのではないでしょうか。

## 夫婦で200万円から300万円あれば十分

また、今は**病気で入院しても、それほど長く入院しているケースは少なく、手術を終えてから1週間から10日くらいで退院するケースもざらにあります。**

高齢者で、入院が長引きそうなら、一定期間は病院にいても、その後は介護施設等に移送されることになるケースが多くなっています。ちなみに、厚生労働省の「患者調査」（2014年）を見ると、**退院患者の平均在院日数は31・9日。がん患者などは20日前後で退院**しています。

ただし、アルツハイマー病（266・3日）、統合失調症等（546・1日）など、認

## ■5-04　傷病別・年齢階級別平均在院日数

（単位：日）

| 主な傷病 | 総数 | 男性 | 女性 | 0~14歳 | 15~34歳 | 35~64歳 | 65歳以上 | 75歳以上 |
|---|---|---|---|---|---|---|---|---|
| 全体 | 31.9 | 29.8 | 33.9 | 8.4 | 12.0 | 24.4 | 41.7 | 47.6 |
| 結核 | 58.7 | 61.4 | 54.5 | 32.8 | 40.7 | 65.2 | 58.4 | 58.6 |
| ウィルス肝炎 | 16.3 | 13.6 | 19.2 | 5.1 | 12.5 | 12.5 | 21.4 | 38.2 |
| 胃の悪性新生物 | 19.3 | 17.8 | 23.2 | 5.5 | 12.1 | 13.9 | 21.0 | 25.7 |
| 結腸及び直腸の悪性新生物 | 18.0 | 17.1 | 19.2 | 8.0 | 10.8 | 13.5 | 20.0 | 24.5 |
| 肝及び肝内胆管の悪性新生物 | 18.8 | 18.9 | 18.8 | 47.8 | 12.1 | 15.8 | 19.3 | 21.6 |
| 気管、気管支及び肺の悪性新生物 | 20.9 | 19.0 | 25.2 | 10.1 | 9.8 | 16.7 | 22.3 | 26.9 |
| 糖尿病 | 35.5 | 27.5 | 45.4 | 13.0 | 14.1 | 20.0 | 47.4 | 65.2 |
| 血管性及び詳細不明の認知症 | 376.5 | 290.4 | 439.7 | — | 231.0 | 267.5 | 380.7 | 383.1 |
| 統合失調症等 | 546.1 | 630.5 | 473.8 | 91.4 | 93.3 | 334.1 | 1,295.8 | 1,470.9 |
| 気分（感情）障害 | 113.4 | 113.6 | 113.3 | 41.1 | 45.7 | 93.7 | 157.0 | 161.3 |
| アルツハイマー病 | 266.3 | 210.5 | 300.8 | — | — | 217.8 | 267.4 | 257.6 |
| 高血圧性疾患 | 60.5 | 29.4 | 80.5 | 8.9 | 11.0 | 13.8 | 68.4 | 83.3 |
| 心疾患 | 20.3 | 13.8 | 30.1 | 30.5 | 10.2 | 9.0 | 23.7 | 30.5 |
| 脳血管疾患 | 89.5 | 70.0 | 112.3 | 20.7 | 44.6 | 46.9 | 100.7 | 116.0 |
| 肝疾患 | 25.8 | 23.7 | 28.5 | 9.3 | 10.7 | 17.1 | 33.2 | 40.7 |
| 骨折 | 37.9 | 28.9 | 43.4 | 5.3 | 14.4 | 21.9 | 47.7 | 51.9 |

厚生労働省「患者調査」／（平成26年）をもとに作成

注：1. 2014年9月1日～30日に退院した者を対象としたもの。
2. 総数には、年齢不詳を含む。
3. 統合失調症には、統合失調症型障害と妄想性障害を含む。
4. 心疾患は高血圧性のものを除く。
5. 気分（感情）障害には、躁うつ病を含む。

知症や精神的な病気の場合には、入院が長引く傾向があるようです。

生命保険の項目（136ページ）や高額療養制度の項目（212ページ）でも書きましたが、医療費は、公的保険を軸に考えると、思ったほどはかかりません。特に、**70歳をすぎてリタイアすると、自己負担しなくてはならない金額の上限そのものが低くなります。**

しかも、長く病院に入院させてはくれないのですから、**老後にかかる医療費は、2人で200万円から300万円用意しておけば十分でしょう。**

**ポイント**

**日本では、重い病気に罹《かか》っても、公的保険や高額療養費制度を利用すれば、自己負担は少なくて済む。また、高額な「先進医療」も最近だと、50万円程度で受けられるものも多い。**

定年後不安

# 固定観念に囚《とら》われずに、定年後を悠々自適に暮らす

## 退職金はイザという時のために取っておく

「老後が不安だ」という言葉を、よく聞きます。

証券会社に行くと、「老後資金は1億円必要」と言われ、銀行に行くと、「5000万円」は必要と言われます。こんな金額を聞かされると、目の前が真っ暗になって、立ちくらみするという方もおられるでしょう。

特に、40代、50代といった、住宅ローンを抱えながら子供の教育費もまだかかるという世代にとっては、とうてい貯めることのできない金額に思えるはず。

では、「老後が不安だ」という時の**「老後の不安」をお金で解消するためには、どれくらいあればいいのでしょうか。**

老後に必要となる最も大きな費用は、「介護費用」と「医療費」。

そして、ここまで本書を読み進んでいただいた方は、介護費用は1人平均550万円、2人で1100万円。医療費は、2人で200万円から300万円を用意しておけばいいということがわかったと思います。この2つを合わせると、**2人で1300万円から1400万円。少し余裕をみて1500万円くらいは、老後の介護費用と医療費のために、手をつけずに取ってきましょう。**

もし、介護が長引いて1500万円が底をつくということになっても、持ち家があるなら最後は持ち家を売って施設に入るという手もあります。

1500万円といえば、40年間働いた退職金でまかなえる金額。これは、イザという時のために取っておいて、**日常生活は、これまでの蓄えと年金でやっていく。**

できれば、普段の生活は年金の範囲内でできるようにして、これまでの蓄えは、2人で旅行に行ったり趣味に使ったりという**「楽しみのお金」**にすると、生活にもメリハリがついていいでしょう。

繰り返しになりますが、**サラリーマンで定年退職した人は、生活をダウンサイジングさせ、なるべく年金の範囲内で生活しましょう。**その細かな生活の見直し方法については、１０９〜１２３ページで書きましたが、もしそれでも足りなかったら、アルバイトなどの**「プチ稼ぎ」**で生活費を補うことを考えましょう。

## 最悪、生活保護という手もある

もちろん、なかには不幸なことが重なって、**老後になっても年金がほとんどなく、住むところも借家で、貯金もないまま**という極端なご夫婦もいらっしゃるでしょう。

その場合は、年間に４００万円くらいの生活費がかかりますから、65歳から90歳までの25年間では1億円必要かもしれません。

けれど、そうした**何もないご夫婦の場合には、稼ぐ力がなければ「生活保護」という**

**手段もあります。**「生活保護」は、必要最低限の文化的生活を保障した憲法に裏付けられたものですから、もし本当に大変なら最寄りの福祉事務所で申請しましょう。

## できるだけ早く「貯金」を始める

若い方だと、将来、年金があまりもらえず、マイホームも買えず、貯金もそれほどないということはあるかもしれません。

けれど、**これからは空室が激増しそう**なので、住まいへの不安はある程度解消されていくはずです。兄弟が少ない方も多いので**親の家に住み続ける**という選択もできます。

また、20年後は完全なネット社会になっていますから、**家賃の安い地方に住んで仕事はネットを使ってする**という選択も可能になるでしょう。

それでも、貯金はできるだけ早くから、最初はムリをせずできる範囲で始めましょう。

**貯金は、「金額×時間」で貯まるので、始めるなら早いほうがいい。**月2万円、ボーナス5万円（年2回）の貯金を30年間続けたら、軽く1000万円を超えます。月1万円、ボーナス10万円（年2回）でも、30年間続ければ、利息も含めれば1000万円を超えるでしょう。

20年先、30年先のことは誰にもわかりません。もしかしたら、世の中がまったくガラリと変わってしまうかもしれません。

けれども、借金がなく、持ち家があって最低限の貯金があれば、どんな状況になっても、なんとかなりそうです。もちろん、夫婦2人なら年金だけでも暮らすことができます。その時に**最低限確保しておきたい貯金が、1500万円ということです。**

**ポイント**

**先行きがわからないからこそ、イザというときの備えは必須。定年後に悠々自適の「年金暮らし」を謳歌《おうか》するために、今すぐ貯金を始めること。**

未来の介護

# これから日本の介護環境は激変する

最後に、これから20年で、日本社会はどう変わっていくか、みなさんが最も心配な「介護」の面から見てみましょう。

みなさんは、「2025年問題」をご存じですか?

**2025年には、いわゆるベビーブームで生まれた団塊の世代の方々が、75歳以上の後期高齢者となり、日本の全人口の18%を超える**と言われています。日本の人口の約2割が75歳以上になるのです。

65歳以上も高齢者に含めると、なんと人口の3割が高齢者で占められます。この高齢化社会は2040年まで続き、**2040年には人口の約4割が65歳以上という超高齢化社会**がやってきます。

けれど、その先は、団塊の世代が徐々に減っていき、介護施設なども余っていくはずです。

ですから、現在の介護保険の仕組みさえ守られれば、**今の40代、50代は、もしかしたらそれほど介護で困らない**ようになっているかもしれません。

## 団塊の世代は資産を介護に当てられる

確かに、団塊の世代の介護を考えると、自分たちの未来も暗くなるかもしれません。

しかし、多くの団塊の世代は、他の世代にはない強みを持っています。

**それは、貯金や資産が意外に多いということ**です。

90ページでも紹介しましたが、今の高齢者世帯は、平均貯蓄額が２３８４万円。60歳以上の17・６％が４０００万円以上の金融資産を持っています。しかも、その金融資産のほかに、ほとんどが持ち家なので、イザという時には家も売れます。なかには、先祖伝来の田畑があるという人もいます。

しかも、**日本の給料が一番高かった時に退職金を手にし、一番高かった給料を基準とした年金を死ぬまでもらい続ける人が圧倒的に多い**のです。

そういう意味では、**これまで蓄えてきた資産を介護に当てれば、なんとか乗り切れるという人は多い**のではないでしょうか。

## 地域ぐるみの明るい「老老介護」に向けて

**もう1つ、今の団塊の世代の強みは、若くて元気なこと。**ややもすると、今の50代よりも元気という人もいます。

これから増える団塊の世代の介護のために、国が推進しているのが「**地域包括ケアシステム**」です。

これは、住み慣れたところで自分らしく最後まで生活できるように、地域の力を活用して、お年寄りを支えていこうという、「介護の切り札」とも言われています。

これまでは医療や介護が必要だと、本人が医療機関などに出向いたり施設を探して入居したりしていましたが、施設自体が足りなくなってくるので、逆に、**医療機関から医師や看護師が自宅に派遣され、さらには介護ヘルパーなども自宅を訪れ、本人は自宅で生活しながら様々なサービスを受けられる**ようにしようというもの。

そのサービスのつなぎ役となる「地域包括支援センター」は、ブランチ・サブセンターを含めると全国各地にすでに7000カ所以上もあります。

そこで期待されているのが、地域の専門家だけでなく、支え手としてのボランティアの存在です。介護保険では、高齢者が望んでも、庭の草むしりや家族の衣類の洗濯などは介護サービスの対象ではないためできません。けれど、**地域のボランティアなら支え手になれます。**

例えば、岐阜県大垣市は、ライフサポート事業として、地域ごとに〝支え合い組織〟をつくっていて、30分数百円で働く有償ボランティアもいます。

実際、大垣市には、主婦や定年退職者など約60人が有償ボランティアに登録しており、月平均150時間働いています。

介護されるのも支えるのも老人という「**老老介護**」ですが、団塊の世代は、リタイアしても家でくすぶっているよりは地域のために役に立ちたいという前向きな人も多い。**介護する側は、年上の弱ったご老人を支えることで自分の生き甲斐ができる**し、お小遣いも稼げるので**経済的なゆとりができる。介護されるほうも相手が少し若い同じ地域に住むご老人ということで気が許せる。**

こうした人たちに元気なうちは介護の手助けをしてもらい、地域ぐるみの介護が進めば、「老老介護」の未来も、決して暗いものばかりではなくなるかもしれません。

## 2040年、2万人の医者が介護の担い手に!?

**２０２５年には、「看護師バブル」が弾ける**と言われています。

今まで、看護師は、いろいろなところで不足していました。そのため、育成が急がれ、１９９１年には11校しかなかった看護大学や大学の看護学科が、２０１８年にはなんと２６３校にも増え、入学定員数も、１９９１年には５５８人だったのに、今や２万３６６７人になっています。

結果、**２０２５年頃には14万人もの看護師が余る**と言われている（２０１４年時点での試算）のです。

**看護師だけでなく、バブルが弾けそうなのは医者も同じ。**２０１６年の医学部定員数は９２６２人（国公立・私立合計）で、２００７年の７６２５人より年々増加しているのだそうです。

厚生労働省の試算では、このまま医学部の定員数が維持されると、**医者の需要と供給がマッチングするのは２０３３年（上位推計）で、２０４０年になると１・８万人近くの医者が過剰になり、「医者余り社会」になっている**とのこと。

そうなれば、働く場所のない医者や看護師が、地域の介護老人を支えるということになるかもしれません。

## 20年後は、「介護ロボット」の世話になる？

「両親はお金があるから、介護もなんとか切り抜けられそうだけれど、自分たちは収入が少ないから、将来は暗い」

そう思っている40代、50代も多いことでしょう。けれど、**今の40代、50代には、団塊の世代が持っていない、お金ではない強みがあります。**

それは、今の40代、50代が介護に突入する**20年後、30年後には、介護関連の医学とテクノロジーが飛躍的に進歩しているということです。**

今から約20年前のことを振り返ってみましょう。1995年、多くの人が、初めてインターネットというものを目《ま》の当たりにしました。

それまでインターネットは、大学の研究者間ではやりとりされていましたが、多くの人がインターネットを身近に感じたのは、マイクロソフト社がwindows95を発売してからです。そして、そのインターネットは、今や手のひらに載せて自由自在に操作できるスマートフォンになりました。

この20年で、スマートフォンでインターネットが操れるようになっただけでなく、電話や写真、動画、録音、翻訳もできて、ラジオも聴けて電卓代わりにもなる。しかも自分の顔を認証し、話し相手にもなってくれるようになったのです。

こんな変化を、20年前に、誰が想像できたでしょう。

しかも、今は、20年前とは比較にならないほど、倍速でテクノロジーが進歩していま す。最近、高齢ドライバーの運転事故が問題となっていますが、**20年後には車はほぼ自動運転**になっているでしょうから、事故の心配もなくなっているはずです。

**テクノロジーの進歩は、介護の現場もガラリと変える**でしょう。

先日、ある施設で、介護用のマッスルスーツロボットを着用させてもらったのですが、60キロのものを20キロくらいの感じで持ち上げることができて驚きました。

介護の現場は「きつい、汚い、給料が安い」の3Kだと言われますが、**20年後には、入浴、排泄、歩行支援、食事、癒し、見守りなど、すべての面で介護ロボットが飛躍的な進歩を遂げていることでしょう。**

今介護の現場では、介護人材の不足が深刻になっています。けれど、驚いたことに、**旧ホームヘルパー資格も含めると介護の資格を持っている人はなんと約400万人もいる**のです。

介護が抱える課題の1つが、身体への負担です。介護者を持ち上げる際に、腰を痛めてしまう人が多いというのです。そのため、せっかく資格があるのに、非力なので働くことをためらう人は少なくないようです。

しかし、**介護がどんどん機械化してくれれば、主婦がパート感覚でちょっとだけ働くということも容易になる**でしょう。

# iPS細胞により介護人口が激減する

介護を劇的に変えるのは、機械だけではありません。**医学の分野も、20年の間に飛躍的に進歩し、誰もが長生きできる時代が到来するかもしれません。**

がんも、つい最近まで、死に至る不治の病《やまい》と言われていました。けれど、現在は5年生存率が6割近くで、半分以上の人が治っています。しかも、**早期発見なら9割が治る病気になりました。**

がんと戦いながら働いている人は、２０１６年時点で36・５万人もいます。厚生労働省も、働く人のために、夜間でもがん治療を受けられる方向で検討を始めています。

がんは、体内に入ってくる異物をチェックするT細胞の老化が引き起こすという説がありますが、これも、山中伸弥教授らが開発したiPS細胞を使って遅らせることができるとわかってきました。

すでに、**iPS細胞で目の網膜をつくったり、不治の病と言われているパーキンソン病治療の研究が進められたり、脊髄損傷の治療にこれを使って完全麻痺《まひ》を治そうなどという試みが始まっています。**

その進歩の速度を見ると、20年後には、再生医療が飛躍的に進化していて、病で傷んだ臓器まで、自分の細胞で新しくつくり出したものと取り換えられるようになっているかもしれません。

そうなると、元気で働けるお年寄りが増え、介護人口そのものが減っていく可能性もあります。

**ポイント**
**20年後は、テクノロジーや医療の進歩により、介護環境は一変している。現在の40代、50代は将来かかる介護費を心配するくらいなら、実直に貯金するべき。**

# おわりに
## ――危機に直面しても生き抜くために必要なこと

ここまで、「公的年金」の仕組みと、収入に応じた「出費の抑え方」から始まり、「保険」、「投資」、「介護と医療」のリスクと対策について述べてきました。

本書で述べていることをすべて実行すれば、来《きた》る定年後に〝年金だけ〟で生活することは十分可能だと自信を持って言えます。


ただし、先行きのわからない時代に生きている私たちにとって、「一寸《いっすん》先は闇」であり、いつ何が起こるかわかりません。不測の事態では、当然、お金が必要になります。

そこで、いかなる危機に直面しても生き抜くために必要なことを、最後に2つお伝えします。

それは、**「妻（夫）の存在」**と**「働く意欲」**です。

会社人生を終えると、思わぬ挫折や不安があなたを襲います。かつての部下や同僚からはそっぽを向かれ、友人は離れていく。思わず**「孤独」**という文字が脳裏に浮かびます。そんな孤独を和らげるのが、パートナーの存在です。

家で一緒にごはんを食べたり、相談し合える相手がいるだけで、老後の安心感はまったく変わります。

最近は、熟年離婚が流行《はや》っているそうですが、長年連れ添ってきた相手から慰謝料を請求されて、苦労するのは何ともアホらしくないですか。

そうならないためにも、文字通り**「生涯のパートナー」となる妻（夫）を頻繁に労《ねぎら》う**ようにしましょう。

もう1つは、いつどんな時も働けるようにしておくこと。

「人生100年時代」が現実となった今、定年後のライフプランを考えておくことが大切になってきます。

理想は、お小遣い程度の稼ぎでもいいので、高齢になっても働けるスキルを身につけることです。仮に年金受給が70歳からになったとしても、75歳まで働ける選択肢を担保しておけば、慌てることはありません。

とはいえ、**ツラいこと、楽しくないことに時間を割くのは得策ではありません。**今まで忙しくてやれなかったことや、人のためになること、人から感謝される仕事を少しだけやってみるだけでいいのです。

地域のボランティアはまさに打ってつけ。育児や介護など、子供や高齢者と触れ合うような仕事なら、**孤独を感じることもなくなり、認知症のリスクも軽減します。**

残りの人生で自分がやりたいことをやりながら、気の置けない相手と語り合い、たまに疲れない程度に働く――。こんなノンビリとした暮らしこそ、働きすぎと揶揄《やゆ》される日本人が目指すべき、定年後の生き方なのかもしれません。

本書の編集を担当いただいたＰＨＰ研究所の大隅元氏には、たいへんお世話になりました。

本書を読んでいただくことで、老後の不安が少しでも解消され、元気な日本人が増えることを祈念しています。

PHP新書
PHP INTERFACE
https://www.php.co.jp/

荻原博子［おぎわら・ひろこ］

1954年、長野県生まれ。経済ジャーナリスト。大学卒業後、経済事務所勤務を経て独立。経済の仕組みを生活に根ざして解説する、家計経済のパイオニアとして活躍。著書に『払ってはいけない』（新潮新書）、『老前破産』（朝日新書）など多数。

# 年金だけでも暮らせます

決定版・老後資産の守り方

PHP新書 1170

二〇一九年一月二十九日 第一版第一刷
二〇一九年六月 十二日 第一版第八刷

著者――荻原博子
発行者――後藤淳一
発行所――株式会社PHP研究所
東京本部――〒135-8137 江東区豊洲5-6-52
第一制作部PHP新書課 ☎03-3520-9615（編集）
普及部 ☎03-3520-9630（販売）
京都本部――〒601-8411 京都市南区西九条北ノ内町11
組版――株式会社PHPエディターズ・グループ
装幀者――芦澤泰偉＋児崎雅淑
印刷所
製本所――図書印刷株式会社


ISBN978-4-569-84205-9

# ＰＨＰ新書刊行にあたって

「繁栄を通じて平和と幸福を」（PEACE and HAPPINESS through PROSPERITY）の願いのもと、ＰＨＰ研究所が創設されて今年で五十周年を迎えます。その歩みは、日本人が先の戦争を乗り越え、並々ならぬ努力を続けて、今日の繁栄を築き上げてきた軌跡に重なります。

しかし、平和で豊かな生活を手にした現在、多くの日本人は、自分が何のために生きているのか、どのように生きていきたいのかを、見失いつつあるように思われます。そして、その間にも、日本国内や世界のみならず地球規模での大きな変化が日々生起し、解決すべき問題となって私たちのもとに押し寄せてきます。

このような時代に人生の確かな価値を見出し、生きる喜びに満ちあふれた社会を実現するために、いま何が求められているのでしょうか。それは、先達が培ってきた知恵を紡ぎ直すこと、その上で自分たち一人一人がおかれた現実と進むべき未来について丹念に考えていくこと以外にはありません。

その営みは、単なる知識に終わらない深い思索へ、そしてよく生きるための哲学への旅でもあります。弊所が創設五十周年を迎えましたのを機に、ＰＨＰ新書を創刊し、この新たな旅を読者と共に歩んでいきたいと思っています。多くの読者の共感と支援を心よりお願いいたします。

一九九六年十月

ＰＨＰ研究所